U0517110

JIYU HUANJING JIANKANG YU
JINGJI SHIJIAO DE ZHONGGUO
RANYOUSHUI YANJIU

基于环境、健康与
经济视角的中国燃油税研究

陈素梅　何凌云/著

中国财经出版传媒集团

经济科学出版社
Economic Science Press

图书在版编目（CIP）数据

基于环境、健康与经济视角的中国燃油税研究／陈素梅，何凌云著. —北京：经济科学出版社，2020.9
ISBN 978 - 7 - 5218 - 1902 - 1

Ⅰ. ①基…　Ⅱ. ①陈…　②何…　Ⅲ. ①燃油消耗 - 税收政策 - 研究 - 中国　Ⅳ. ①F812.42

中国版本图书馆 CIP 数据核字（2020）第 181284 号

责任编辑：凌　健　杜　鹏
责任校对：王肖楠
责任印制：王世伟

基于环境、健康与经济视角的中国燃油税研究
陈素梅　何凌云/著
经济科学出版社出版、发行　新华书店经销
社址：北京市海淀区阜成路甲 28 号　邮编：100142
总编部电话：010 - 88191217　发行部电话：010 - 88191522
网址：www. esp. com. cn
电子邮箱：esp@ esp. com. cn
天猫网店：经济科学出版社旗舰店
网址：http://jjkxcbs. tmall. com
固安华明印业有限公司印装
710 × 1000　16 开　11 印张　160000 字
2020 年 11 月第 1 版　2020 年 11 月第 1 次印刷
ISBN 978 - 7 - 5218 - 1902 - 1　定价：59.00 元
（图书出现印装问题，本社负责调换。电话：010 - 88191510）
（版权所有　侵权必究　打击盗版　举报热线：010 - 88191661
QQ：2242791300　营销中心电话：010 - 88191537
电子邮箱：dbts@ esp. com. cn）

　　本书受国家自然科学基金青年项目"大气污染、公众健康与经济增长：中国环境税路径选择研究"（批准号：71803191）、国家自然科学基金面上项目"基于居民健康福利视角的中国道路交通部门节能减排政策模拟及优化研究"（批准号：71573258）、面上项目"基于需求系统分析视角的公共交通污染排放外部性研究"（批准号：71874070）、国家社会科学基金重大转重点项目"中国加工贸易绿色利益模型构建及对策研究"（批准号：19AZD003）、中国社会科学院登峰战略优势学科（产业经济学）、广东省高等学校珠江学者岗位计划联合资助

前　言

　　改革开放以来，中国的经济取得了巨大成就，但是"高能耗、高排放"的粗放型经济发展模式导致了日益严峻的环境和健康问题，进而损害劳动能力、减少就业甚至会拖累经济发展。这也早已成为国家、社会和公众最为关注的公共话题。习近平总书记曾强调，没有全民健康就没有全面小康，要把人民健康放在优先发展的地位，将健康融入所有的政策中。然而，就内部环境而言，我国老龄化速度加快，面临着经济增速放缓、人均收入难以提高的"中等收入陷阱"风险；就外部环境而言，贸易逆全球化趋势逐渐加强，贸易保护主义、单边主义盛行，中美经贸摩擦不断升级。面对这些"内忧外患"，发展仍是第一要务。因此，习近平总书记多次提出"既要金山银山，也要绿水青山"的绿色发展理念。那么，如何能够同时实现经济增长与环境保护的"双重红利"是当前中国经济转型过程中无法回避、亟待解决的关键问题之一。

　　能源金融是应对能源环境问题的严峻挑战而产生。鉴于污染的社会负外部性，能源税是世界各国能源金融实践中较为常用且减排效果最为直接的手段，通过相对价格的改变引导经济主体行为达到减排的目的。鉴于燃油消耗是污染排放的主要来源之一，本书选取能源金融手段中的燃油税作为研究对象进行分析。我国政府早在 1994 年启动燃油税改革，尽管改革进程历经近几十年持续推进，但面对环境和健康压力的持续加重，仍较为缓慢，发挥作用有限。这凸显了燃油税政策设计的复杂性与谨慎性，需要全方位统筹。因此，在处于经济转型时期的中国，照搬照套他国燃油税征收机制在理论上是不可行的，在实践上中也是非常危险的。而且，各国燃油税的税率、征收环节、税收收入返还利用方式等方面均存在着显著的差异。因此，为了实现经济社会的可持续发展，基于环境、健康与经济的视角，探索我国燃油税征收及税收收入的再利用路径，从而在不损害经济或尽量降低经济产出损失的前提下，改善环境质量，保障居民健康水平，具有至关重要的理论意义和现实意义。这也正是本书研究的出发点。

那么，能源消耗对大气环境、居民健康、经济增长及居民福利造成怎样的损失？现行燃油税政策应对这些损失的效果如何？能否实现环境和经济的双重红利效应？在此基础上，理论界是不是存在双重红利效应？如果存在，如何从税收的基本要素（税率、征收环节及税收用途）入手优化我国燃油税政策以期实现经济与环境的双重红利？这些都是目前学术界非常关注的问题，也是我国当前发展阶段亟待解决的难题，都已经无法回避，必须从国家层面得到回答。为此，本书针对上述关键科学问题展开理论层面和实证层面的探讨，共有 7 章内容构成，分别简述如下。

第 1 章首先概括了目前中国经济增速放缓与环境健康问题突出的现实状况，阐述了我国所面临的经济增长与环境保护双重压力；介绍了能源金融手段在世界各国应对能源短缺和环境污染问题的重要性，并从能源金融手段中的燃油税入手，通过对中国燃油税改革进程的详细回顾，提出本书要研究的问题；此外，还对全书研究目的与意义、研究思路及技术路线进行了论述。

第 2 章首先对现有国内外能源金融相关研究进行了文献回顾和总结，并从理论与实证两个方面围绕双重红利假说的存在性开展现状综述；其次以燃油税为例，分别从税制设计、局部均衡和一般均衡视角回顾总结了其双重红利效果评估现状；再其次，归纳整理了居民健康福利评价的研究现状，以便本书能够开展基于居民健康视角的燃油税政策研究；最后，在上述文献评述基础上提出本书的拓展方向。

　　第 3 章以 CGE 模型为基础，借鉴流行病学、健康统计学等领域已有文献，将大气污染模块、空气质量模块、居民健康模块与 CGE 模型衔接在一起，构建了综合分析框架，实现了居民健康质量对经济产出的反馈影响，并叙述了具体方程、数据基础及关键设定等。该综合分析框架将是后续章节实证分析所依赖的主要模型。继而运用综合分析框架，分析中国空气污染对环境质量、居民健康损失、宏观经济及各部门的负面冲击。研究发现，在不采取任何政策措施的情况下，我国能源消耗所带来的 $PM_{2.5}$ 和 $PM_{10-2.5}$ 污染物排放严重威胁公众健康、经济系统以及居民福利。其中，$PM_{2.5}$ 污染问题最为严重。这一结果反映出新时期推进燃油税改革进程的紧迫性和极度重要性。

　　第 4 章运用综合分析框架评估了我国现行燃油税政策对环境、公众健康和国民经济的影响。自 2009 年以来我国燃油税税率经历多次上调，本章将上调的燃油税税率设为政策外生冲击。研究发现，现行燃油税政策在短期内显著降低化石能源消耗，减少 $PM_{2.5}$ 和 $PM_{10-2.5}$ 污染物排放，改进空气质量从而提升公众健康质量，获得"第一红利"；但在长期，受产业结构调整的影响，这些正向效应将会逐渐减弱。同时，即使考虑到健康改善对宏观经济系统的正向影响，现行燃油税政策仍不利于经济增长、物价稳定以及社会福利的增进。可以说，这对于解决经济发展与环境保护的冲突而言发挥着较弱的作用，无法获取"双重红利"。一般而言，税收政策包括税率、征收环节和收入用途三个层面。就燃油税而言，调整燃油税税率是政府最便捷也是最常用的手段，但却不能成为"包治百病"的"神丹妙药"。因此，本章建议全方位深化燃油税改革。此外，本书认为燃油税税率的上调需要选择恰当时机，尽可能选择成品油价格稳定或处于下行的阶段，并要注意避开高通货膨胀时期。

　　基于环境污染影响健康及经济产出的视角，第 5 章构建世代交叠模型，从理论上探讨双重红利假说的存在性。征收能源税已成既定事实，本章研究发现理论上存在能够实现人均产出最大化或居民福利最大化的最优分配。因此，"双重红利"是存在的。然而，我国能源税收入分配政策难以同时满足两者最优目标。基于中国实际和以往研究数据，敏感性研究证实了劳动产出份额越高，或健康对劳动生产率影响越高，税收收入补贴污染减排越有可能提高人均产出和终身福利的稳态水平；当污染对健康的影响降低时，税收收入对污染减排的最优分配比例会下降；但不管关键参数如何变动，我们定性结论是不变的。对于中国能源税税收收入的最优分配而言，本章具有如下政策启示：能源税收入应该以公开透明的方式用于补贴居民收入与污染减排活动（如支持新能源汽车、公共交通）；这一分配比例由政策制定者决策偏好来决定，如果政策导向由GDP转向居民福祉，这可能会放慢经济增长步伐，但却会获取福利收益；由于中国地域广阔，社会与经济状况多样化，地方政府也应根据自身实际情况的差异进行相应调整，以保持居民福利的最大化。

基于上述理论探讨，第6章分别从税率、征收环节及税收分配方面实证研究我国燃油税政策优化路径。结果显示通过优化我国现行燃油税政策，双重红利效应是能够实现的；具体而言，在税收分配上，将燃油税收入用以补贴居民与节能减排的分配机制在保护环境与增进居民福利上效果明显优于税收收入返回给居民或炼油企业，但其经济效果是次优的；在征收环节上，综合双重红利效果及征税其他原则，批发环节征收燃油税要优于生产环节（含进口环节）和零售环节；在税率上，其上调会加重经济损失，但居民福利因健康质量改善而增进。因此，本章建议燃油税收入公开透明化地分配给居民与节能减排活动，具体分配比例需要因地因时制宜；燃油税选择批发环节征收；税率可适当提高，以实现环境保护、公众健康和经济增长的多重目标，有助于建设美丽中国。

第7章为全书的结论部分，对全书的基本内容和观点结论进行了简单的总结，并对未来进一步的理论研究和政策研究给出了一些展望。全书政策研究对象主要是燃油税政策，对之使用的分析方法同样适用于硫税、煤炭税等环境税政策。

全书分析主要基于环境、健康与经济增长的综合视角而进行燃油税政策研究，部分研究内容已经在国内顶级期刊和 SSCI 期刊陆续发表。比如，第 3 章部分内容在 *China Economic Review* 期刊 2014 年第 31 期发表，其最初英文版本曾于 2013 年 6 月参加韩国仁川举办的"2013 可持续亚洲国际论坛（International Conference of Sustainable Asia Forum）"大会上做了报告。第 4 章部分内容在 *China & World Economy* 期刊 2019 年第 1 期发表。第 5 章是根据笔者在《经济研究》2017 年第 4 期发表的论文扩展而成。期待本书的研究方法、基本结论和主要政策建议能够对我国高质量发展、建设"美丽中国"和"健康中国"有所助益。由于笔者水平有限，本书难免存在不尽如人意的地方，敬请各位专家学者和业界同仁不吝赐教、批评指正。

陈素梅　何凌云

2020 年 10 月

Contents

目录

第1章
导　论

面对能源短缺和环境污染的严峻挑战,能源金融成为重要的治理手段。尤其是在中国,随着工业化的发展和城市化进程的推进,中国对石油、煤炭等化石燃料的依赖日益加深,能源资源消费快速增长,由此导致的环境污染问题逐渐显现,对居民健康造成了危害。因此,节能减排已成为关系中国经济社会可持续发展而迫切需要解决的难题。其中,燃油消耗是主要污染排放源之一。那么,在中国经济增速放缓的背景下,如何科学合理地制定有关燃油的能源金融政策从而实现环境保护与经济发展的双重目标成为无法回避的问题。因此,本书主要讨论中国燃油税政策对能源、环境、居民健康以及经济的影响,以及如何优化燃油税政策从而实现经济与环境的协调可持续发展。本章主要阐述了中国经济增长与能源环境现状以及燃油税改革进程等现实背景,从而提出全书所研究的问题;此外,本章还介绍了本书的研究意义、研究目标、技术路线、研究方法以及创新之处。

1.1　中国经济增长与能源环境现状

改革开放 40 多年来,中国的经济增长堪称奇迹,其表现为中国用短短的 40 多年大体完成了发达国家需要上百年完成的工业化,进入了工业化加速期阶段。据统计，我国不变价国内生产总值呈现平稳高速增长，从 1978 年 3565.1 亿元增长到 2013 年的 519454.6 亿元，在短短的 36 年间实际国内生产总值增长了 144 倍（中华人民共和国国家统计局，2015）。在经济高速增长的同时，发达国家曾出现过资源、能源和环境问题在我国也日益凸显。如图 1 - 1 所示，能源消耗量从 1978 年的 57144 万吨标准煤增加到 2013 年的 416913 万吨标准煤，年均增长约 5.5%；可以说，我国的经济增长与能源环境问题是有相关性的，我们创造了经济高速增长的奇迹，但也付出了能源资源过度使用的代价（苗艳青，2012）。

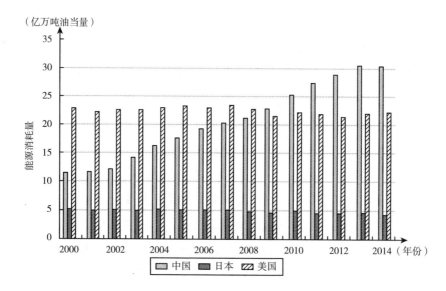

图 1 - 1　2000～2014 年中美日能源消耗总量

资料来源：世界能源统计年鉴，https：//yearbook. enerdata. net。

能源消耗对环境的影响是多方面的，其中，雾霾天气是目前关注的焦点之一。2013 年，中国雾霾天气波及 25 个省份，100 多个大中型城市，全国平均雾霾天数达 29.9 天，创 52 年来之最。细颗粒物（PM$_{2.5}$）的污染排放是主要元凶。[①] 据世界卫生组织（World Health Organization，

[①]　资料来源：中国新闻网，http：//www. chinanews. com/ny/2013/12 - 30/5675699. shtml。

WHO）统计，2013 年中国城市 $PM_{2.5}$ 年均浓度达到 $72\mu g/m^3$，是世界卫生组织推荐的 $PM_{2.5}$ 空气质量标准 7.2 倍（WHO，2006）。此外，2012 年上半年中国可吸入颗粒物（PM_{10}）平均浓度超标的城市数量接近三成，中国大气污染的严峻形势已赫然在目。[①]

　　事实上，大气污染对人类身体健康与生活质量有着直接的影响。尤其是 $PM_{2.5}$ 颗粒物直径较小，可以直接吸入人体肺部，对居民健康和经济社会的正常运转造成不可估量的损害。因此，中国经济高速增长与能源环境健康问题并驾齐驱，使得我国经济发展面临着既要实现现代化建设、又要节能减排以保护赖以生存的自然环境的两难困境。根据发达国家的发展轨迹可知，环境污染与经济发展密切相关，国家工业化、城市化过程往往伴随着能源消耗和环境污染同步增加的情况，通常要经历一个倒"U"型曲线。正如环境库兹涅茨曲线所描述的，在工业化进程的初始阶段，环境质量会随着经济的增长而逐步恶化，直至某一拐点后，经济增长的同时环境质量将会逐渐改善（Grossman & Krueger，1995；Stern et al.，1996）。那么，经济增长将最终会缓解环境破坏状况。但实际上，正是这种观点促使中国过去 40 年经济粗放型增长与环境问题突出并存。或许，在这种经济增长与环境改善同步的拐点尚未到来之前，污染达到一定程度后，环境自身无法承载甚至会崩溃时，生态系统将会遭受毁灭性的袭击（Song et al.，2008），经济增长将无法持续。因此，面对这种经济发展和节能减排的双重压力，考虑到目前中国所处的经济发展阶段，不允许中国重复西方发达国家走过的"先发展、后治理"的发展道路，经济增长并不是改善环境质量的灵丹妙药。

　　中国政府已提出建设"资源节约型、环境友好型社会"的可持续发展目标，将环境保护作为一项基本国策，并将生态文明建设纳入"十三五"规划中，反映了政策制定者力图实现环境保护与经济协调增长的决

---

① 资料来源：人民网，http://legal.people.com.cn/n/2012/0824/c/88502 - 18819117.html。

心。然而，在中国经济转型过程中，生态文明建设必然要求我国重新界定政府与市场的合理边界，由原有的直接行政干预转变为以市场导向为主、政府宏观调控为辅。以往文献（陈素梅和何凌云，2012；Chen & He，2013）曾以电力行业为例，研究发现解除电力行业政府管制有助于提高生产效率、解决电力短缺难题、促进 GDP 增长、增进居民福利，从而论证了市场手段的重要性。因此，在中国工业化进程中，为实现经济社会的可持续发展，通过市场机制调节市场主体行为是重要一环，也是迫在眉睫。

1.2　经济增长与环境保护双重压力下我国燃油税改革进程

在全球能源紧缺和环境污染的背景下，各国纷纷将环境保护实现可持续发展作为经济政策制定时必须考虑的关键目标。正如前面所描述的，市场机制是环境保护必不可少的手段。能源金融是顺应环境保护而产生的，经过近 200 多年的发展，已从一个抽象的概念发展成为具体的变革。它通过能源与金融的相互融合，充分利用经济杠杆调节市场主体行为，有助于合理配置资源，优化产业结构，促进节能减排和新能源开发利用，改善环境质量，进而促进环境友好型社会的发展。见表 1 - 1，林伯强和黄光晓（2011）在其著作《能源金融》中重点探讨了能源金融市场、能源金融创新、能源货币体系、能源产业资本运作以及能源税机制等内容。由于前四类能源金融市场体系自身存在的制度性缺陷，能源税是能源金融实践中较为常用且减排效果最为直接的手段，通过相对价格的改变引导经济主体的行为达到减排的目的。鉴于燃油消耗是污染排放的主要来源之一，本书选取能源金融手段中的燃油税作为研究对象进行分析。

表 1－1 能源金融体系的主要层面

层面	定义	范例	优势	劣势
能源金融市场	能源市场和货币市场、外汇市场、期货市场及场外交易市场等传统金融市场相互联动、融合、渗透而构成的复合金融体系	伦敦国际原油交易所	规避能源市场风险，完善价格形成	市场投机风气严重，影响全球能源安全
能源金融创新	为节能减排提供投融资平台以及规避、转移环境风险的金融工具	温室气体排放权交易	引导绿色低碳的可持续发展模式	交易价格波动幅度大；国际合作机制谈判难度高
能源货币体系	通过将本币作为国际能源贸易的主要计价及结算货币	石油美元	维持本币在国际货币体系地位，有助于在国际能源产业链的利益分配	增加国际能源市场的风险和不稳定性
能源产业资本运作	兼并、收购等资本运作手段实现能源产业链的整合与优化	英国石油、埃克森美孚等超级跨国石油公司	有助于各国能源战略的贯彻实施	加剧国际能源市场不稳定性风险
能源税机制	根据化石燃料和无碳能源的单位能耗直接征收从量税	燃油税	促进节能减排；管理成本低，实施过程简便、公正，效果具有可预见性	可能会损害经济增长

资料来源：内容借鉴林伯强和黄光晓（2011），经笔者整理得来。

　　目前，燃油税已上升为一种能源战略，尤其在英美日等发达国家已取得有效的环境治理效果（Sterner，2007；Hibiki & Arimura，2005）。从经济学角度上讲，环境属于公共资源，污染物的人为排放将不可避免地产生负外部性。用"庇古税"原理解释，燃油消耗会产生负的外部性，通过征税，实现外部效应的内部化（厉以宁等，1984）。也就是说，燃油税旨在从影响成本效益入手，引导经济当事人进行自发选择，更有利于资源的优化配置，增进"绿色福利"。然而，正如表 1－1 指出的，征收能源税可能会加重经济负担、削弱企业国际竞争力和生产规模从而损害经济增长[①]，降低"经济福利"。那么，如何制定燃油税政策路径以实现在不损害经济增长的同时保护环境的"双重红利"已成为能源金融政策

[①] 美国清洁空气法案在出台的十年内，调查发现至少有 100 万的工人失业，且每年安抚失业工人的救济金高达 500 万美元（Goodstein，1996）。

领域中值得研究的重要课题。尤其是对于经济增速放缓的中国而言，面临"中等收入陷阱"风险，环境保护与经济增长的双重压力日益突出。因此，系统性研究中国燃油税政策的可能效果，试图在不损害或尽量较少地损害经济增长的同时实现环境保护，已成为能源金融研究的热点与前沿问题，具有十分重要的现实价值。

为了应对突出的能源环境问题，正如前面所言，能源金融手段的实践变革需要深入到燃油中，我国交通运输部门肩负着重任。据国际能源署（International Energy Agency，IEA）统计，2013 年中国大约 97% 的汽油、70% 的柴油消耗用于交通运输。而且，交通部门实现低排放或零排放的难度是在所有耗能部门中最大的（Olivier & Janssens-Maenhout，2012）。2014 年，全国机动车排放污染物 4547.3 万吨，其中排放颗粒物近 57.4 万吨、一氧化碳 3433.7 万吨、碳氢化合物 428.4 万吨、氮氧化物 627.8 万吨（中华人民共和国环境保护部，2015）。随着城市化进程的加快以及人民生活水平的日益提高，中国交通运输需求和服务尤其是道路运输增长尤为迅猛。如图 1 - 2 所示，我国民用汽车拥有量从 2000 年的

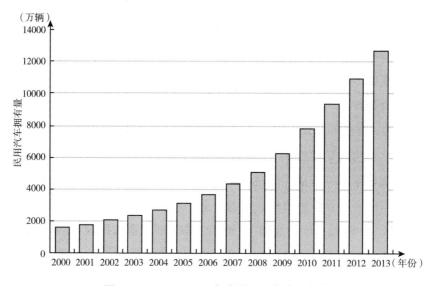

图 1 - 2　2000 ~ 2013 年中国民用汽车拥有量

资料来源：《中国统计年鉴（2014）》。

0.16 亿辆增长到 2013 年的 1.26 亿辆，年均增长率达 17% 左右（中华人民共和国国家统计局，2014）；自 2010 年以来中国已连续六年成为世界机动车产销第一大国（中华人民共和国环境保护部，2015）。相应地，燃油消费需求以及污染气体排放也会随之快速增长。以北京为例，据北京市环保局统计，2017 年北京本地产生的汽车尾气 $PM_{2.5}$ 排放在所有排放源中最为显著，是本地排放的 45%，[①] 且机动车大多行驶在人口密集区域，尾气排放直接威胁公众健康。显然，为了经济社会的可持续发展，我们已经无法回避有关能源、环境和居民健康问题的挑战，必须从有关燃油的能源金融手段入手去应对。

综观英美日等发达国家治理环境污染的经验，征收燃油税是对燃油实施的主要能源金融手段之一，按照"谁污染、谁缴费"的原则，有效地治理了环境问题。同样地，中国政府早在 1994 年启动燃油税改革，1997 年《公路法》中明确表示拟从 1998 年 1 月 1 日起取消"公路养路费"并开始征收"燃油附加费"等，但遭否决后，燃油税改革延迟至 1999 年，《公路法》修正案获得通过，将"燃油税附加费"改为"燃油税"（肖皓，2009）；2009 年 1 月 1 日，燃油税政策正式出台，在先降低成品油价格的前提下，取消公路养路费、航道养护费、公路运输管理费、公路客货运附加费、水路运输管理费和水运客货运附加费 6 项收费，逐步有序取消政府还贷二级公路收费；将汽油消费税单位税额由每升 0.2 元提高到 1 元，柴油每升 0.1 元提高到 0.8 元；其他成品油单位税额相应提高；新增税收收入用于补助各地取消政府还贷二级公路收费、补贴种粮农民及部分困难群体和公益性行业。历经 20 多年，尽管燃油税改革进程持续推进，但面对能源环境压力的加重，仍较为缓慢，发挥作用有限。这反映了燃油税征收势在必行的同时，也凸显了其机制设计的复杂性与谨慎性，需要全方位统筹。那么，在处于经济转型进程的中国，照搬照套他国燃油税征收机制在理论上是不可行的，在实践上中也是非常危险

---

① 资料来源：新华网，http://www.xinhuanet.com/politics/2018-05/15/c_1122832062.htm。

的。而且，各国燃油税的税率、征收环节、税收收入返还利用方式等方面均存在着显著的差异（详见第6章）。因此，为了实现经济社会的可持续发展，基于环境、健康和经济的视角，深入探讨和研究我国燃油税的征收及税收收入的再利用等方面问题很有价值。

以上分析可以看出，中国经济增速放缓的同时，能源环境问题日益突出，有关燃油的能源金融政策引入是势在必行。那么，当前能源消耗对大气环境、居民健康、经济增长及居民福利造成怎样的损失？现行燃油税政策应对这些损失的效果如何？能否实现经济与环境的双重红利效应？在此基础上，理论界是不是存在双重红利效应？如果存在，如何从税收的基本要素（税率、征收环节及税收用途）入手，优化我国燃油税政策以期实现经济与环境的双重红利？这些都是目前学术界和政策制定者非常关注的问题，也是我国当前发展阶段亟待解决的难题，都已经无法回避，必须从国家层面得到回答。

1.3 本书研究内容与结构安排

1.3.1 研究意义

能源环境问题事关我国经济发展和社会稳定大局，事关美丽中国建设和人民福祉。因此，科学评价大气污染对居民健康、宏观经济及整体福利水平的影响，有助于及时唤醒政策制定者和公众的环境保护意识，同时也反映出居民健康在经济产出和居民福祉中的重要地位，为制定燃油税政策提供了一个非常有价值的研究视角。而且，这也间接反映燃油税政策措施的引入与改进的迫切性。这在为进一步探索燃油税政策路径实现绿色发展提供了重要的事实依据。

随着中国宏观经济增长步入新常态，经济增速放缓的同时，环境问题日益突出，如何处理好节能减排与经济增长的关系成为今后相当长时期中国所面临的重大课题。那么，考虑到燃油税作为能源金融政策的手段之一，非常有必要量化评估现阶段燃油税在处理能源环境与经济的关系上的政策效果。并在考虑居民健康对经济产出影响的情况下，对目前燃油税政策能否实现经济增长与环境保护并存的"双重红利"进行判断，为进一步优化燃油税政策提供了参考依据。

目前，有关环境税政策"双重红利"假说的讨论越来越多，几乎都赞成环境福利的存在，但在"能否提高福利水平、促进就业"上有着很大争论，至今未形成明确的定论。然而，这些研究尚未考虑到污染影响居民健康从而损害宏观经济增长这一重要因素，无法对实际问题提供很好的解释。因此，非常有必要考虑健康质量对经济产出的反馈机制进而从理论上进一步探讨"双重红利"存在性问题，这为税收收入再分配机制提供了一个较为合理而新颖的研究视角，这对现有双重红利理论研究而言是较好的补充。更重要的是，将理论研究与中国具体情况相结合，这对解决中国环境保护与经济增长的双重压力具有非常重要的理论意义。

在对双重红利效应进行理论探讨的基础之上，非常有必要将理论成果回归到实践中来。在中国经济与环境保护均处于深刻变革的重要时期，制定合理有效的燃油税政策，有利于防治空气污染，降低经济增长负担，改善居民健康质量，增进居民福祉，也是以人为本、解决关系人民群众切身利益的现实问题、建设美丽中国宏伟战略目标的迫切要求。单纯追求经济增长的"政绩"并不能满足人们对美丽中国的诉求。因此，结合本书有关双重红利效应存在性的理论探讨，在考虑居民健康对经济产出影响的情况下，分别从税收分配、征收环节及税率方面入手，非常有必要通过评估各种可能的燃油税政策在经济、能源环境、居民健康及福利水平方面的影响以期探讨出优化当前燃油税的政策路径。如此一来，得出的结论具有全面性、真实性与科学性，这对于改进现行燃油税政策从而实现环境、经济与社会的协调可持续发展具有实践性的指导意义。

1.3.2 研究目标与技术路线

1. 研究目标。

本书的总目标是针对中国经济增长与环境保护的双重压力，以能源金融手段中的燃油税为研究对象，从理论和实证两个层面探讨中国燃油税政策及其优化对我国能源、环境、公众健康及宏观经济的影响，即研究目前国内能源消耗所带来的经济与环境双重损失现状，科学评估现行燃油税应对双重损失的政策效果，然后在理论上定性探讨经济与环境协调发展的"双重红利"存在性，并在此基础上探讨中国燃油税政策优化的可能路径，以期实现双重红利效应，促进经济与社会健康可持续发展，为政府决策提供较为系统的客观的决策参考。

具体来说，本书要达到以下五个目标。

（1）通过一般均衡分析框架的构建，在考虑到污染对健康及经济产出的影响条件下，量化研究我国目前能源消耗对大气污染、公众健康、宏观经济及居民福利等方面的影响。

（2）评价我国现行能源金融手段中的燃油税政策在能源消耗、空气质量、公众健康、宏观经济及居民福利等方面的实施效果，并判断出其能否完全应对目前经济与环境双重损失，能否实现双重红利效应。

（3）当考虑到污染对健康及经济产出的影响时，从理论上探究双重红利效应的存在性，并分析出能源税收入最优分配机制，为优化燃油税的实证研究提供理论基础。

（4）从税收的基本要素（税收分配、征收环节以及税率）出发，探讨中国燃油税政策优化路径以实现经济与环境协调可持续发展，实现双重红利效应。

（5）通过以上目标的实现，提出有关优化燃油税的政策启示以获取双重红利。

2. 研究方法与技术路线。

当考虑到居民健康对经济产出的影响时，燃油税政策的研究不仅涉及能源金融领域，还会涉及福利经济学、健康统计学、病理学等学科。本书始终坚持理论与实证相结合的研究范式。从能源税理论出发，将多学科领域知识相结合，综合运用可计算一般均衡（computable general equilibrium，CGE）模型、人为源颗粒物排放清单、空气质量模型、暴露—反应模型、意愿支付法以及世代交叠模型等方法开展燃油税政策及其优化的效果研究。

一方面，采用了一般均衡分析框架。在定量分析上，以 CGE 模型为基础，并引入了人为源颗粒物排放清单、空气质量模型、暴露—反应模型、意愿支付法等模块，构建了一般均衡分析框架，经济活动通过污染气体的排放影响居民健康，进而会通过劳动力损失、居民可支配收入、卫生服务需求等途径影响着整个经济系统的波动，从而能够将大气污染对居民健康的危害反馈给宏观经济系统，那么，鉴于燃油税政策能够广泛影响各产业部门及居民日常生活，以 CGE 模型为核心的一般均衡分析框架是非常有价值的政策分析工具，能够抓住宏观经济反馈和市场反馈，可以实现与环境污染、空气质量及健康模块的嵌套，较好地描述国民经济各部门的相互作用以及环境、居民健康和经济之间的关系，进而科学全面地评估出燃油税各种政策路径对宏观经济系统、环境污染以及居民健康质量的影响，以期实现双重红利效应。

另一方面，构建了世代交叠模型。模型假定经济个体具有有限期界。例如，每一代人分为青年和老年两个阶段，随着时间的推移，在原来处于青年阶段的人进入老年阶段的同时，原来处于老年阶段的人也会逝去，新的一代青年人也会出生；这样一来，每个时间点上都会存在这两类人，而不同阶段的人群消费与储蓄决策存在差异，但其共同点是每一代人的决策行为都是为了追求终身效用最大化。目前，世代交叠模型广泛应用于宏观经济理论方面的探讨。那么，当考虑到污染对健康及经济产出影响时，在引入世代交叠模型的基础上构建理论模型，定性研究经济均衡稳态下能源税收入分配机制设计，探讨双重红利效应的存在性，为优化我国燃油税政策提供了一个合理的理论框架。

总而言之，能源—环境—健康—经济系统是一个相互依存、相互作用的复杂系统，空气污染是其中的重要组成部分，而能源税政策是解决能源环境问题的重要手段。尤其在中国经济增速放缓的背景下，如何处理好环境与经济的关系？如何运用燃油税政策去实现环境保护与经济增长并存的双重红利，这些问题是本书的出发点，技术路线图如图 1 - 3 所示，研究思路遵循了"提出问题（研究背景）—分析问题（能源消耗的环境与经济损失现状；现行燃油税应对损失的实施效果；能源税双重红利存在性的理论性探讨）—解决问题（优化后燃油税政策双重红利研究）—政策建议"这一分析脉络。

3. 研究创新之处。

本书可能的研究创新工作主要表现在以下三个方面。

（1）以 CGE 模型为基础，并引入大气污染（如 $PM_{2.5}$）对居民健康和经济产出的反馈效应，综合运用经济学、病理学、健康统计学多领域研究成果，构建综合分析框架。这里首先将常被研究者忽略而危害却又远远超过其他颗粒物的 $PM_{2.5}$ 纳入所要研究的污染气体范围之中，并且将综合分析框架用于评估我国大气污染对居民健康、整体福利水平以及经济产出的损失，研究结果较为翔实可信，有助于客观认识中国大气污染的真实状况；而且，将大气污染对居民健康及经济产出的反馈作用纳入能源税政策评估体系中显得非常重要。在当今污染防治攻坚战和"健康中国"建设背景下，研究具有前沿性。

（2）当考虑到居民健康对产出的影响时，建立了一个有关能源税收入分配路径与双重红利关系的理论模型。定性研究了稳态经济条件下能源税收入在居民转移支付与节能减排之间的分配路径，以期实现居民福利最大化和人均产出最大化，为能源税"双重红利"假说的论证提供了一个新的理论框架，为能源税收入分配政策制定提供了思路和证据。

（3）基于环境、健康与经济的视角，系统评估我国燃油税收入分配、征收环节及税率大小三方面优化后的双重红利效果。基于所构建的综合分析框架，综合考虑居民健康对产出的反馈影响，比较分析了燃油税在税收用途、税率及征收环节上的设定对能源、环境、居民健康、整体福利以及经济系统的影响，研究结论有助于全面认识到能源金融政策在解决经济增长与环境保护冲突上的作用，且对燃油税改革具有直接指导意义。

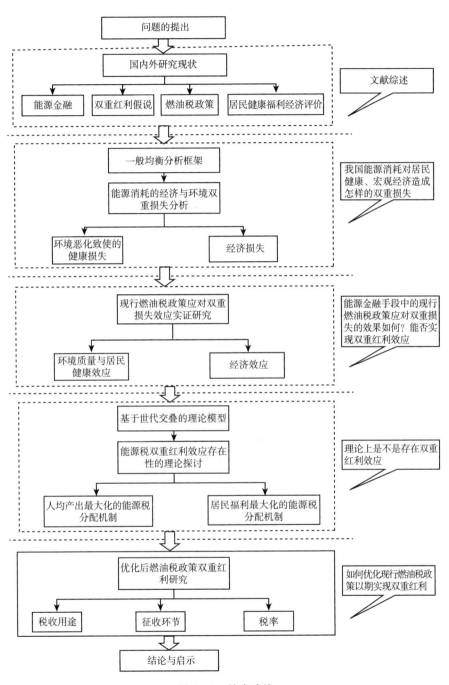

图 1 – 3 技术路线

第 2 章
文献综述

　　鉴于能源金融是治理能源环境问题的重要手段，而燃油消费是排污大户，将能源金融手段引入燃油消费是势在必行的。那么，现有的能源金融政策手段会有哪些，其中，本书重点关注的能源税效果怎么样；能源税能否在保护环境的同时不损害经济的增长，能否实现"双重红利"；如何引入能源税到燃油消费领域，燃油税征收与税收用途应该怎么样设计，会有什么样的政策效果。特别是近些年，我国突出的能源环境问题威胁着居民健康，如何在能源金融实践领域评估居民健康福利的变动显得非常重要。因此，以上这些问题已成为近年来国内外关注的焦点。

　　本章首先对现有能源金融政策手段进行概述，尤其是本书重点关注的能源税政策进行较为详细的论述。其次，就能源税处理经济与环境的关系上，从理论与实证两个侧面展开研究现状的综述；并将能源税引入到燃油消耗行为上，对现有的燃油税机制设计及其政策效果评价进行了总结。此外，考虑到居民健康在能源金融效果评价中的重要性，我们综合健康统计学、病理学等学科研究，对现有居民健康福利评价的研究进行了归纳和整理。最后，我们对前人的文献进行了梳理，得到接下来在该领域的研究方向以及如何在前人的基础上进行拓展研究。

2.1 能源金融研究

随着能源环境问题逐渐显现，发展新能源和节能减排逐渐成为世界各国能源战略的重要组成部分；能源市场的边界和内涵也随之扩大，与金融的联系越来越紧密，逐渐形成了能源金融。事实上，能源金融不仅仅局限于能源战略的一种手段和工具，更成为国家战略中必不可少的组成部分。目前，学术界对于能源金融尚没有统一的定义，何凌云和薛永刚（2010）从狭义和广义两个视角进行了阐释：狭义来看，能源金融就是能源融资，更多关注于项目融资机制；广义上看，能源金融是通过能源信息与金融信息相关联从而达到能源领域与金融领域资源优化配置的目的。基于广义的视角，林伯强和黄光晓（2011）将能源金融市场、能源金融创新、能源货币体系、能源产业资本运作以及能源税机制等纳入能源金融分析体系中。因此，参照这种能源金融体系的划分类别，考虑到能源货币体系与能源产业资本运用的讨论较少，本书重点总结能源金融市场、能源金融创新以及能源税研究的现状。

就能源金融市场而言，它起源于 19 世纪 80 年代，通过远期合约等金融工具来规避煤炭交易市场风险，20 世纪 70 年代出现了石油期货以应对两次石油危机，并在随后的 20 多年以美国纽约商品期货交易所、伦敦国际原油交易所为中心的国际石油期货成为全球交易量和交易额最大的商品期货交易品种（林伯强和黄光晓，2011）。现有研究发现，通过原油期货市场进行短期长期搭配的套期保值可以有效规避石油价格波动的风险，获取更多利润（Horsnell et al.，2011）。面对我国石油对外依赖度较高的现状，政府需要通过积极构建石油期货市场保障国家能源安全（王军，2009；马登科，2010）。除此之外，电力（李道强和韩放，2008）、天然气（唐葆君和陶权，2013）、衍生金融产品也相继出现。然而，随着国际金融资本的进入，市场投机风气也越来越重，这不仅导致国际能源价格波动加剧，影响了能源安全，而且也影响到全球经济的发展。

就能源金融创新而言，面对全球能源产业发展过程中资源耗竭、温室气体排放、空气污染、新能源开发推广难度大等问题，运用能源金融创新手段越来越受到西方发达国家的认可与重视。其中，最具有典型代表的例子是碳排放交易市场机制[①]，其理论基础是产权理论（宋怡欣，2014）。根据科斯定理（Cifuentes et al.，2000）可知，环境容量可以视为一种相对稀缺的商品，只要各参与国经协商谈判后在各自使用环境容量的权利上达成一致，在相应的国际制度框架下通过排放权的转让交易能够优化资源配置，更好地应对全球性环境污染与气候变暖等环境问题。然而，排放权交易体系因减排成本尚不确定而风险较大；且在确定具体的减排配额上，面对严峻的气候挑战，各国在短期内很难达成一致，以至于无法在全球推广。

就能源税机制而言，由于以上能源金融手段自身存在的制度性缺陷，能源税机制越来越受到各国的重视。它存在的理论基础是外部性问题。能源消费的过程中会产生一系列负外部性（如环境污染）问题，为了使得能源消费者将其活动的社会成本考虑进来，它将负外部性内部化从而实现资源的优化配置。伯克翰等（Berkhount et al.，2004）通过对荷兰1996年实施的能源税效果开展跟踪分析，发现电力与天然气消费量年均分别降低8%、4.4%，节能效果显著。杨岚等（2009）也实证发现了我国征收能源税将会推动传统能源价格上涨，抑制传统能源消耗，有助于改善能源结构，还能减少温室气体及污染物的排放。与能源金融创新手段中的污染排放权交易相比，能源税制度管理成本非常低，无须交易体系构建中的交易平台、清算结算制度等基础投入，控制污染排放的成本是确定的；实施过程也更简单、公正，更具有可预见性，根据节能减排总目标设定一个明确的能源税税率降低风险，企业根据自身的情况，明确未来的生产经营战略，或进行相应的节能减排技术改造，或淘汰效益低下的产能；另外，它也避免了国际减排配额的分配问题，使得各国政

---

① 目前，以欧盟排放交易体系和美国的芝加哥气候交易所为代表的区域性市场已经进入正轨，但温室气体国际排放权交易市场尚未在全球范围内建立。

府在成本可控的情况下根据自身的经济运行情况通过税收的水平调整来灵活实现减排义务。而且，由此所获取的税收收入可以用于环境保护、促进节能减排新技术的相关支出（韩凤芹等，2008）。然而也有学者（杨岚等，2009；武亚军和宣晓伟，2002）研究发现征收能源税会降低能源密集型产业尤其是发展中国家相关产业的国际竞争力，从而不利于经济发展。总之，既然能源税因其管理成本低、节能减排成本可控及效果可预见等优势而成为非常重要的能源金融工具，那么，如何避免其对经济增长的损害是合理设计能源税机制的前提。这也是学术界非常关注的问题，相关的研究现状详见本章第 2 节。

2.2　双重红利假说研究

有关能源税是否损害经济增长的假说最早是由皮尔斯（Pearce，1991）提出，即"双重红利"假说，他认为能源税机制不仅可以改善环境，还会通过税收收入的合理再分配来降低能源税征收所带来的扭曲，减少原有经济损失，增加居民收入等红利。这一思想的提出不仅减轻了能源金融政策实施的社会阻力，也增加了政策制定者实施能源金融政策的信心与决心。然而，"双重红利"假说是否存在，存在的前提条件是什么，这些问题的探讨在理论界和实证界由此展开。

2.2.1　双重红利假说的理论研究

在理论界，有关"双重红利"假说存在与否的讨论归纳起来，主要存在以下三种观点：第一种是通过降低个人所得税或企业所得税的形式将能源税收入返还给经济系统，部分抵消了已存在的税收扭曲，即所谓的"弱式双重红利"（Goulder，1995）；第二种是通过能源税征收及税收收入循环利用的机制设计在改善环境质量的同时，降低了整套税收系统的经济扭曲，有助于增进整体福利水平，即所谓的"强式双重红利"（Bovenberg，1999）；第三种是合理的能源税机制不仅有助于环境保护，还能够通过税收收入循环利用创造更多的工作岗位，解决就业问题，即所谓的"就业双重红利"（Parry & Bento，2000）。

目前，有关能源税"绿色红利"的观点得到了学术界大部分学者的认可，但关于"强双重红利"和"就业双重红利"存在与否的讨论至今尚未达成统一。如有学者（Bovernverg & Moojj，1994）认为，有关"双重红利"能否产生的影响因素有两个：前者是环境税"收入循环效应"，指税收当局将环境税收入通过降低劳动所得税的形式来保持税收中性时，理性经济个体的工作意愿将会上涨，促进就业；后者是"税收交互效应"，指能源税的征收会加重能源密集型产业负担，推动产品价格上涨，在有限的劳动收入条件下经济个体消费水平将会减少，在劳动供给弹性大于零的情况下，个体工作意愿将会被削弱，收入循环效应也会随着减弱；如此一来，能源税机制也会产生扭曲效应，极有可能出现收入循环效应被税收交互效应所抵消，此时，失业增加，"就业双重红利"是无法实现的。也有学者（Parry，1995）认为，基于一般均衡视角的能源税扭曲效应将会变得更为严重，以征收家庭污染税为例，这种税收机制在刺激清洁产品市场需求并抑制污染产品消费需求的同时，会降低居民劳动收入，降低参与工作意愿，最终征收污染税所带的扭曲会被放大；在可信的假设下，这种交互效应通常会大于环境税的收入，使得无法实现"双重红利"。然而，也有文献基于环境质量与闲暇时间会影响居民福利的新视角，认为劳动要素的市场供给不仅受能源税征收所带来的宏观经济变动影响，也会与能源税征收所带来的环境及健康质量变化息息相关，从而征收能源税将会获取"双重红利"（Schwartz & Repetto，2000）。

2.2.2 双重红利假说的实证研究

在实证界，许多国家和地区的学者纷纷利用本国或本地区的实际数据，研究税收机制的政策效应。大量研究表明，能源税机制有助于经济增长与就业岗位的增加。卡拉罗等（Carraro et al.，1996）基于一般均衡模型研究发现欧洲征收碳税在短期内将会增加就业岗位。根据欧盟环境局（2000）对欧盟成员国的 16 种环境税进行的评估显示，环境税的征收有利于改善环境质量，并且通过减免政策、补贴及税制改革等措施大大减少了在实施过程中给行业竞争力、就业、物价及低收入群体带来的负面影响。赫尔纳和博斯克（Hoerner & Bosque，2001）通过对经合组织（OECD）国家实证评估发现，环境税的征收对各产业及整个宏观经济系统的负面冲击较小，其中，环境污染控制成本仅占总生产成本的 3.5% 左右，而且，无法明确指出较高的减排目标会不利于企业、各生产部门及宏观经济。托雷斯等（Torres et al.，2009）运用 VAR 模型研究发现，德国、瑞典等欧洲国家对高碳产业征收碳税与降低所得税并举时，工作机会增加。艾伦等（Allan et al.，2014）在理性预期的假设下研究发现，将苏格兰碳税收入用于抵消所得税的扭曲，降低碳排放的同时刺激了经济发展，实现了"双重红利"。然而，一些研究发现能源金融手段的"双重红利"是有限的，需要一定的限制性条件。例如，宝石隆和卡拉罗（Bosello & Carraro，2001）在研究中将劳动者分为熟练和非熟练两种类别，研究发现，征收与循环利用并举的税收机制对就业的刺激效应仍是非常有限的，而且这种正向效应仅在短期内会实现。希罗（Shiro，2006）模拟 1995～2095 年日本二氧化碳税的政策效应，研究发现，当碳税收入用于减少原有的扭曲性税种，将会降低整个税制的额外负担；具体而言，"强双重红利"在碳税收入以降低劳动税和消费税的形式返还时是无法实现的，但在碳税收入以降低资本税的形式返还时是能够实现的，对此笔者解释为：前者带来的扭曲程度要远远超过后者。

围绕我国能源税"双重红利"存在性的讨论同样也是非常激烈的。一些学者认为"双重红利"是可以实现的。例如，高颖和李善同（2009）研究发现，倘若合理设计能源税收入的循环利用方式，在促进节能的同时，会改善宏观经济与居民生活质量，从而实现了"双重红利"。范庆泉等（2015）构建了一般均衡理论模型，并论证了我国碳减排政策在当前碳强度约束目标下实现了环境质量改善和经济持续增长的双重红利，对此笔者解释为：这项政策会推动高碳要素中间投入的价格上涨，并由劳动及资本等低碳要素进行替代，保护环境的同时重新配置资源，对经济增长产生了正向作用。然而，存在一些学者坚信中国税制改革"双重红利"的有限性。例如，武亚军和宣晓伟（2002）对我国硫税的政策效应进行研究，发现在分别通过增加政府开支、降低企业所得税等形式将硫税收入返还给经济系统时，宏观经济均受到负面冲击，从而这些税制均无法实现"双重红利"。路旸（2011）在模拟中国征收碳税效果中指出，尽管我国征收碳税并将税税收入用于降低所得税会有利于经济生产活动，然而，面对我国目前保护环境与经济转型的目标，短期内还是难以实现"双重红利"。

2.3 燃油税政策研究

虽然能源税双重红利假说仍然存在争论，但这对于当前处于经济增长与环境保护冲突中的中国而言至关重要，为此，对能源税的机制设计及其政策效果的研究分析显得非常必要。由于燃油税是本书重点研究的能源金融政策，所以，本节对燃油税研究的现状进行了总结归纳。

2.3.1 燃油税税制研究

在燃油税机制设计上，现有研究主要以定性分析为主，从征收范围、税率设定、征收环节、税收用途等方面去探讨中国燃油税改革，具体如下。

在征收范围上，曲顺兰和路春城（2008）发现，各国存在显著的差异。归纳起来，小范围征收燃油税时主要集中于汽油的征收，中等范围征收时主要集中于汽油和柴油，而大范围征收时将会针对所有的燃油类别（汽油、柴油、天然气、煤油等）。考虑到我国燃油税实施的初衷是将燃油税用于替代"公路养路费"，道路交通部门应该成为我国燃油税的重点征收部门，也就是所谓的中等范围征收燃油税是恰当之举。而且，鉴于目前在整个经济系统中80%的汽油总消耗量和30%的柴油总消耗量用于机动车，道路交通部门在解决能源环境问题方面是不可忽视的一环，也就是说，燃油税的征税对象主要应该是汽油和柴油。

在税率确定上，目前理论界有定额税率和比例税率两种形式。曲顺兰和路春城（2008）认为，我国燃油税的税率设计应当考虑用油者的承受能力，通过税率大小的设置来体现国家的政策倾向，建议采用比例税率和定额税率结合的复合税率，具体为：单位税额是通过取消的收费总额除以汽车的年耗油量得出。而李程和陈少英（2010）认为，现阶段含税燃油费尚不足以反映燃油使用的真实成本，尚未反映当今社会节能减排的诉求，应将机动车排放的气体造成的外部成本纳入燃油税中。面对目前我国燃油税税率相对较低的现状，李金华（2008）认为，这会容易丧失燃油税的能源安全与节能减排的战略意义，应采用分阶段提高税率，初期每升汽油的燃油税金额定为汽油价格的 30%～40%，每隔几年上调一次，最后与日本、中国香港等国家和地区接近，为油价的 200% 左右。

在征收环节上，关于燃油税的讨论至今尚未形成统一的定论。韦坚（2007）认为，我国燃油生产比较集中，90% 以上的成品油出自中国石油天然气集团公司和中国石油化工集团公司，燃油税应在生产环节征收，节省税收征收管理成本。但也有学者认为生产环节征收会使得税收收入的分配难以解决，且生产环节已有消费税，不宜再增加一种商品课税。考虑到目前通过零售加油站（点）销售的汽油、柴油不足全国汽油、柴油销售量的 30%，消费环节征收会流失大量的税款，且私下交易会扰乱成品油的市场秩序。批发环节征收有利于充分调动地方积极性，且有效防止税款流失，被认为是最佳的征收环节（曲顺兰和路春城，2008；焦磊和朱选功，2008）。

在税收用途上，税收收入除补贴给地方政府用于公路修建和养护以调动地方投资积极性以外，一些学者认为应该关注不同行业间的用油平衡问题，主张将部分税收收入补贴给农机行业、公交行业，以降低燃油税对其造成的不利影响，如补偿给农机服务组织或农机用户，或直接补偿给农民（黄炯奇和孟海峰，2008）。若为了平衡节能减排与经济发展的关系，政府应该将此收入补贴给工人工资（即削减个人收入所得税和金融资产收入税）或给予所有家庭一次性转移支付，以实现"双重红利"

（张可云和张理芃，2011）。

2.3.2　局部均衡视角的燃油税政策效果研究

关于燃油税征收效果的讨论，大部分基于局部均衡的视角，主要涉及汽车行业、道路交通、能源环境、习惯改变等方面的影响，研究结论对中国燃油税改革提供了有益的参考依据。

在汽车行业方面，刘巧兰（2009）指出，燃油税改革利用价格杠杆，培养消费者节约燃油的观念，有利于促使小排量汽车的销售，优化汽车消费结构。张思路（2009）研究发现，基于出租公司的视角，燃油税替代养路费使得出租公司的成本部分转嫁给消费者；在租赁价格不受影响的条件下，提高汽车租赁市场的盈利能力。

道路交通与能源环境方面，彭向等（2014）认为，提高燃油税税率可能导致整个交通网络的净损失增加，但提升公交分担率。也有一些学者认为燃油税是最有效的减排政策之一。孟伟等（2006）指出，燃油税改革在应对我国能源安全、环境恶化、城市交通拥堵、税费制度不合理等问题上发挥着非常重要的作用，但要及时做好税收分配、打击走私和安置分流人员等工作安排。秦等（Qin et al.，2014）研究发现，如果燃油税的开征使得北京汽油价格增长到 11.53 元/升，道路汽车容量将减少 7%，CO_2 排放减少了 786002.4 吨，相当于北京私家车与公务车尾气排放的 8%。然而，考虑到交易成本的不可控性以及实施效果的不确定性，直接行政管制的实施成本要低于燃油税的成本（Bruvoll & Bye，1998）。

在习惯改变上，蒂纳（Sterner，2007）认为，燃油需求短期缺乏弹性，长期却富有弹性；若欧洲采用美国式低税率，能源消费将是原来的 2 倍。也有学者强调征收燃油税会降低居民实际购买力，从长期来看有利于促进节能环保的绿色出行方式推广。然而，基于不同收入群体的视角，低收入群体的交通燃油消费占日常生活开支的比重往往会较大，而且，交通耗油也往往是强需求，因此，低收入群体承担的燃油税扭曲要远远大于高收入者（张可云和张理芃，2011）。

以上研究大部分以燃油税征收效应的某一视角切入，以定性分析为主。然而，燃油税的征收与居民日常生活息息相关，与各产业发展有着错综复杂的联系。在灵敏的市场机制传递下，它必然会影响到各种能源品种的替代、各产业的发展、GDP 等方面。判断燃油税政策效果的好坏不仅仅局限在政策实施部门，其他部门的影响也应纳入政策制定的考量范围内。例如，道路交通部门燃油需求因燃油税的征收而减少，但受能源替代、上下游产业链等影响，其他产业部门对煤炭产品额外需求未必减少，可能加重环境压力。因此，燃油税政策的制定是一个复杂的系统工程，在严峻紧迫的现实背景下，每一类方案的效应均需要全面地评估，以推进中国燃油税改革进程。

2.3.3　一般均衡视角的燃油税政策效果研究

正如前面所述的那样，基于局部均衡视角研究燃油税效应，在假定其他条件不变的情况下，以单个微观个体为分析对象，可以较好地量化出政策实施部门的变化，但往往会忽略价格水平变动对整个经济系统的传导效应。而且，税收收入在局部均衡分析中往往很难进行定量化的研究，而面对经济发展与环境保护的冲突，如何建立燃油税税收收入的再利用机制是能源税领域的重要内容。因此，能源税效果研究需要进入一般均衡分析的范畴。

一般均衡理论来源已久，最早是由瓦尔拉斯（Walras，1899）提出的，他从简单的数学推导上发现，同时满足消费者效用最大化与生产者利润最大化的均衡状态是能够实现产品和要素市场供给与需求相等的。后经瓦尔德（Wald，1951）、阿罗（Arrow，1952）、斯卡夫（Scarf，1967）等的精心拓展，通过较为复杂的数学方法严格证明出瓦尔拉斯所发现的均衡状态是稳态的，而且是能够具体描述出来的。在一般均衡理论基础上，约翰森（Johansen，1960）构建了第一个真正的 CGE 模型，用于研究挪威经济增长问题。后经过 20 世纪 70 年代，经济大萧条时期缺乏样本数据，难以通过计量模型进行学术研究，而计算机技术的发展为求出 CGE 模型均衡解具体数值提供了便利的操作平台。于是，一般均衡理论成为使用便捷的实证研究方法，CGE 模型得以丰富发展起来，成为应用经济学领域重要的研究工具。

赵永和王劲峰（2008）通过"可计算""一般""均衡"这三个关键词概括 CGE 模型的特点。即"可计算"是指它能够量化分析现实中已发生的或将来可能发生的政策效果；"一般"的意义在于它将经济系统中包括消费者、生产者以及政府等经济主体行为与产品市场、要素市场之间复杂交错联系纳入分析框架中，并对经济主体行为作出外在设定，这些主体对价格变动作出反应，从而可以全面地研究某一政策对经济系统各种指标的影响并能分析出影响传导的内在机制；"均衡"是指市场参与主体在预算约束下的消费均衡、宏观经济变量均衡以及商品和要素市场的供需平衡。因此，CGE 模型能够更加客观详实地模拟出某一项政策冲击对关键宏观经济变量的影响，并能够阐释其影响的内在传导机制，为现实中已发生的或将来可能发生的政策提供了非常有价值的分析工具。

目前，CGE 模型因其"牵一发而动全身"的一般均衡特点广泛应用在国际贸易、公共财政、资源与环境、收入分配、贫困、健康和交通等诸多领域。如在国际贸易领域，美国普渡大学开发的全球贸易分析项目模型，形成近 80 多个国家和地区、57 个部门的 CGE 模型，每个模型均通过贸易与要素流动相互连接，广泛应用于研究世界各国贸易政策，代表人物有德维斯等（Dervis et al., 1982）。在税制改革领域，巴拉德等（Ballard et al., 1985）建立了美国 19 个部门、12 个家庭类型、15 个消费品的一般均衡模型税收数据包（general-equilibrium-model-taxation-package, GEMTAP），研究消费税、统一公司所得税与个人所得税等税收政策的影响。在评价温室气体排放领域，经济合作与发展组织开发的一般均衡环境模型（general equilibrium environment model, GREEN），如李等（Lee et al.,1994）用于研究从 1985～2050 年全球经济增长（尤其是欧共体国家）能源使用，分析削减碳排放政策的成本；麻省理工学院全球变化联合研究项目排放预测与政策研究（emissions prediction and policy analysis,

EPPA）模型等，如卡普拉斯等（Karplus et al.，2010）研究世界多个区域交通需求收入弹性变化、载客汽车交通提高燃油经济性、新能源汽车的推广等交通政策对汽车保有量、能源使用、温室气体排放等方面的影响。

相比而言，有关国内问题的 CGE 模型研究更为贴近中国现实国情。如加尔巴乔（Garbaccio，1995）针对中国计划经济时期的价格双轨制，研究了中国由计划体制向市场经济转变下的计划配额松动效应；中国社会科学研究院数量经济与技术研究所与澳大利亚莫纳什大学政策研究中心合作开发的 PRC-GEM 模型（郑玉歆和樊明太，1999），旨在进行中国经济转轨时期的政策模拟和分析，包括中国贸易自由化和税制改革等问题的研究。国务院发展研究中心开发的动态递推中国可计算一般均衡（dynamic recursive chinese CGE，DRC-CGE）模型（李善同等，2005）是一个相对标准的新古典模型，其中涉及中国城乡二元化的经济和社会结构、中国企事业单位大量存在的预算外和体制外资金等特征的描述，侧重于研究中国经济增长、结构变化和贸易方面的问题。北京理工大学能源与环境政策研究中心开发的中国能源与环境政策研究（China Energy and Environmental Policy Analysis，CEEPA）模型（Liang et al.，2007）常用于能源安全、碳减排、碳税征收等政策的研究。

随着世界各国对能源环境问题的重视，利用 CGE 模型研究能源环境问题的文献逐渐增多，其中一部分是关于能源金融手段燃油税的研究。如帕利采夫等（Paltsev et al.，2005）在 EPPA 模型的基础上引入家庭交通部门，研究能源税对分部门限制碳排放总量经济成本的影响，研究发现，为实现全国碳减排目标，低能源税税率的美国若豁免交通部门碳排放限额将会增加福利成本，而这种豁免反而对高能源税税率的欧洲而言，修正了原本存在的税收扭曲，降低福利成本。

作为最大发展中国家的中国而言，一些学者对燃油税政策效果进行了研究，主要集中在燃油税改革对经济、能源以及环境方面的短期与长期影响评价。饶呈祥（2008）构建三部门的 CGE 模型，研究发现，开征燃油税对我国经济的整体影响比较小，居民收入将少量下降，税收总量将减少。赖明勇等（2008）等基于经济、能源与环境的视角，对比分析了燃油税不同环节征收的政策效果，研究表明，综合来看，批发环节征收燃油税的机制是值得推荐的。叶志辉（2009）采用引入政府部门的CGE模型，定量分析了燃油税税率的影响，并利用枚举法寻找提高社会福利水平的最优燃油税税率，并论证了：只要燃油税税率设置恰当，就有可能使征收燃油税后的消费者总效用大于未征收前的消费者效用。庞军等（2008）研究发现，燃油税改革尽管会影响我国的经济与民众福祉，但在节约燃油方面效果十分显著，有助于缓解我国的能源安全问题。肖皓和赖明勇（2009）设计金融海啸后的预测模拟场景，研究结果表明，征收燃油税会在降低燃油等能源品消耗的同时，损害经济利益，而且随着时间的推移，高度依赖资本的生产部门损失较为严重，高度依赖劳动要素的生产部门损失相对较小。张树伟（2007）基于一般均衡分析框架，将 CGE 模型与 IPAC-AIM/Enduse 软连接，定量评估出中国燃油税对各行业产出及能源消费的影响，研究发现，1.5 元/升的燃油税可以显著减少能源消费，2030 年减少 10% 左右。

可以发现，国内外关于燃油税的 CGE 研究主要集中在经济、能源和环境三个方面的影响评估，为政策制定者提供了有益的借鉴依据。目前，已经出现了一些涉及居民健康影响的研究，如曹（Cao，2007）基于动态CGE 模型研究了中国燃料税，引入了污染排放（SO_2、PM_{10}、NO_x）以及对应的健康损失量。其中，根据每增加一单位化石燃料所增加的环境损失来设定燃料税税率，研究结果发现，长期来看燃料税的征收对消费者效用和 GDP 具有正向影响，如果税率设置恰当会获得税收的"双重红利"。但是，这一类研究仅仅是将政策效果的评估视角从能源环境和经济模块延伸到居民健康模块而已，尚未改变宏观经济系统中的决策行为。姜林（2006）将大气污染（PM_{10}）对居民健康的负面影响通过居民效用函数反馈给宏观经济系统，分析了北京市征收燃油消费税、煤炭消费税对大气环境、健康、经济发展和居民福利水平的影响。但这些研究的污染气体主要集中在 SO_2、PM_{10}，忽略了 $PM_{2.5}$ 气体对居民健康的急性与慢性危害，尚未考量大气污染带来的劳动力损失和居民可支配收入影响决策人行为从而传导到宏观经济系统的负向冲击。因此，现有的研究难以反映燃油税政策的真实效果。

2.4　居民健康福利经济评价研究

如上文所述，大气污染严重威胁着居民健康水平，因此，能源金融效果评估中非常有必要将居民健康纳入考量范围中。目前为止，在国内外研究中，已出现许多大气污染与居民健康福利的经济评价性研究（Quah & Boon，2003；Brajer et al.，2006；Wang & Mauzerall，2006）。一般而言，健康福利的综合分析框架大体包括关键三步：（1）计算大气污染浓度；（2）估算大气污染致使的居民健康损失物理量；（3）评价居民健康经济损失。以下是这关键三步的具体探讨。

首先，利用模型估算出各种政策路径的污染气体排放量之后，大气污染浓度的计算往往需要大气质量模型的桥梁转化功能。在现有研究中，大气质量模型已经从第一代拓展到复杂的第三代模型。其中，第一代大气质量模型主要有箱式模型（fixed-box model）与扩散模型（dispersion model），具有单一网格的均匀性，假设任何排放源气体以相同的浓度分布于模拟环节中，化学反应机制较为简单；第二代大气质量模型加入了网格的细分、更为复杂的气象参数以及化学反应机制；第三代大气质量模型又称多尺度空气质量模型（models–3/community multi-scale air quality model，Models–3/CAMQ），具备更为完善的化学反应机制和气溶胶模块，能够进行城市、区域、大陆尺度的空气污染源模拟和预报工作（张礼俊，2010）。尽管 Models–3/CAMQ 常用于各种排放情景下大气污染浓度的模拟与预测（Bell & Ellis，2004；Guo et al.，2010），但本书的研究对象基于国家层面，以年为时间单位，对时间与空间分辨率要求并不太高，所以本书采用了箱式模式，将空间大气污染浓度视为充分混合而均匀的整体对待具有一定的合理性。

其次，大气污染危害人群健康的方式是极为复杂的，包括就诊率、住院率、死亡率、心血管疾病、哮喘等，时间标度也有慢性症状与急性症状之分；相应的污染气体种类也是多样的，如 SO_2、PM_{10}、$PM_{2.5}$ 等。有关健康危害损失物理量的定量估计大部分以流行病学的暴露—反应函数为基础，其暴露—反应系数需要从健康统计学领域中借鉴。而且，这些健康终端、污染气体、暴露—反应系数等方面的客观选取至关重要，它关系着一项政策效果评价结果与政策建议的翔实性与可靠性。为此，贝尔等（Bell et al.，2008）认为，这些规则的选取应尽可能要与政策评价对象相匹配。就污染气体与健康终端的选取上，正如前一节分析的，有关我国居民健康评价的研究大部分集中于 PM_{10}、O_3 等常规气体的危害，忽略了 2012 年将 $PM_{2.5}$ 平均浓度限值和臭氧 8 小时平均浓度限值纳入环境空气质量标准的现实国情。为此，本书选取的污染气体中包括了 $PM_{2.5}$，健康终端包括肺癌、心血管疾病的发病率与死亡率。同样地，在暴露—反应模型的选取上，如果确实存在某临界值以下的大气污染浓度不会产生居民健康负面效果的情形，暴露—反应模型应加入浓度健康阈值（threshold）因素的考虑，如於方等（2007）和姜林等（2006）；但也存在基于美国层面有关死亡率暴露—反应关系不存在阈值浓度的研究发现（Bell et al.，2008）。因此，为简单起见，本书采用零阈值的假设，这可能会对评价大气污染致使的居民健康效应有一定的偏差，但研究结果仍是有意义的。

最后，对政策制定者而言，为了综合评价不同政策路径的居民健康损失，最常用的方法是基于经济视角将健康物理损失量转化成货币化损失。在健康统计学领域，现有的经济损失评估方法主要有传统的人力资本法（human capital approach，HCA）、失能调整生命年法（quality adjusted life year，QALY）、疾病成本法（cost of illness，COI）、意愿支付法（willingness to pay，WTP）等。贝尔等（2008）曾将以上几种评估方法从福利经济、技术常用度、主要限制三个角度做比较，见表 2 - 1，并得出从 A（非常可靠）到 D（不可靠）的可靠性评价。由于上述任何单一的评价理论都不完美，存在着各种各样的限制性特点，为此，本书结合健康统计学的数据可获性，采用 COI、WTP 等综合方案来经济评价急性与慢性健康反应，以期获取出更可信的经济损失估计值。

表 2-1 　　　　　　　　居民健康福利的经济评价方法

方法	内容与评价标准					等级
	内容	评价对象	符合福利理论	研究常用	其他限制	
HCA	用生产财富的多少来定义这个人的价值	全因死亡	N	M	低估失业人群	D
COI	患病造成的直接损失、治疗费用、医药费用等，以及间接损失（如工作日损失）	全因死亡	不常有；若将疼痛与疾病分开评估时，原则上满足	M	经常忽略死亡损失	C
		慢性疾病	不经常	M：医疗成本 F：劳动力损失	标准化医疗卫生成本难以估计，忽略个体对于健康的偏好	C-B
		急性疾病	N	M	标准化医疗卫生成本难以估计，忽略个体对于健康的偏好	C
WTP	通过询问人们对于环境质量改善的支付意愿来得出环境物品的价值	全因死亡	Y	S	人口调查样本是关键；忽略政府公共医疗支出	B
		慢性疾病	Y	F	人口调查样本是关键；忽略政府公共医疗支出	B
		急性疾病	Y	M：受伤、意外事故	缺乏时效性；忽略公共医疗支出	B
QALY	应用了年龄加权，反应不同年龄、不同严重程度疾病的失能所折合的期望寿命损失	全因死亡	N	M	货币化过于迟钝	C
		慢性疾病	Y（严格限制条件下）	M	货币化过于武断	C
		急性疾病	Y（严格限制条件下）	M	灵敏度低	C

注：N 表示不符合，Y 表示符合；M 表示常用，F 表示很少应用，S 表示一些应用；A 表示非常可靠，B 表示比较可靠，C 表示一般可靠，D 表示不可靠。

资料来源：表中内容借鉴贝尔等（2008）、于汐等（2009）、於方等（2007）资料，经笔者整理得来。

2.5 本章小结

从国内外研究来看，能源税是能源金融政策的主要手段之一；在探讨能源税政策"双重红利"效应存在性方面，许多学者将能源税收入用于减少原有税制的扭曲来降低经济损失，如降低工资所得税、企业税等，但较少地涉及税收收入补贴节能减排活动。而且，现有研究更多地集中于税制扭曲减少所带来的经济福利，但较少考虑到能源税对环境、居民健康从而对宏观经济的影响。因此，本书构建理论模型，考虑到居民健康对宏观经济的反馈效应，将能源税收入用于补贴居民和节能减排活动，探讨"双重红利"效应的存在性及实现路径，为我国能源金融政策的制定与优化提供翔实全面的参考依据。

对于能源金融手段中的燃油税研究而言，国内外学者也做了很多的工作，得出许多有价值的研究结论，为政策制定者提出过不少有意义的政策建议。但基于一般均衡分析框架的燃油税效果评价中较少地考量到大气污染带来的劳动力损失、居民可支配收入影响决策行为从而传导到宏观经济系统的负向冲击。而且，在居民健康福利评估上，污染物的选择也往往局限于 SO_2、PM_{10}、O_3 等常规污染物，忽略了 $PM_{2.5}$ 污染物对居民健康的急性与慢性危害。目前，现有评估方法难以反映出一项燃油税政策的真实效果。因此，本书基于一般均衡的视角，考虑到居民健康对宏观经济的反馈效应，选择 $PM_{2.5}$、$PM_{10-2.5}$ 作为大气污染物指标，深入探讨有关我国大气污染的经济损失、现行燃油税政策的应对效果以及如何优化等问题。

第 3 章
中国能源消耗的环境与
经济双重损失分析

能源环境的恶化严重威胁着居民健康。然而，如第 2 章所言，现有能源税效果评估研究较少地涉及居民健康对宏观经济系统的影响。为客观审视居民健康反馈效应在能源税评估中的重要性，本章构建了一般均衡分析框架，以 CGE 模型为核心，嵌入人为源污染气体排放估算、空气质量估算、居民健康损失物理量及货币化等模块，将能源消耗带来的大气污染及其健康损失反馈给经济系统，量化研究出中国能源消费对环境与经济所造成的双重损失，以此反映我国能源环境问题亟待解决的紧迫性，为能源税政策的制定提供真实、全面的背景概况，还可以提高政府和公众的环境保护意识，从而有利于坚定实施能源税政策的决心。

3.1 能源消耗影响环境与经济的一般均衡分析框架

本章构建了一般均衡分析框架，主要选择 $PM_{2.5}$、$PM_{10-2.5}$ 作为大气污染指标[①]，并引入了居民健康的反馈效应。如图 3 – 1 所示，共有五个步

---

① $PM_{10-2.5}$ 指颗粒物直径在 2.5 微米 ~ 10 微米的范围中，PM_{10} 是直径小于 10 微米的颗粒物，$PM_{2.5}$ 是直径小于 2.5 微米的颗粒物。为避免重复计算，本书选取了 $PM_{10-2.5}$ 而非 PM_{10}。

骤：第一，分析能源消耗与人为污染气体排放的关系；第二，分析人为污染气体排放与空气污染浓度的关系；第三，分析空气质量与居民健康损失物理量的关系；第四，分析居民健康损失物理量与货币化的关系；第五，将居民健康的货币化损失、劳动供给量作为外生变量传导给 CGE 模型中进行模拟分析。具体而言，对于能源税政策情景与基准情景之间的能源消耗量差，首先，我们可以通过人为源颗粒物排放清单估算出污染物的排放量差额（$PM_{2.5}$、$PM_{10-2.5}$），进而在假设大气污染浓度混合均匀的"箱式模型"中，估算出污染物的浓度差额；其次，通过暴露—反应模型评估出人群健康损失的物理量差额，并通过 WTP、COI 等方法去估算出相应的医药费用以及劳动力损失；最后，通过劳动力供给与居民可支配收入两个指标反馈给宏观经济系统，从而科学、客观地评估能源税政策在宏观经济、居民健康等方面的效果。

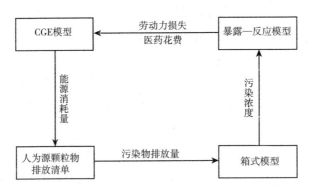

图 3 - 1 　一般均衡分析框架

3.1.1　能源消耗与污染物排放

任何一种污染物排放量与消耗能源类别、能源技术、生产部门以及管末处理技术（end-of-pipe controls）密切相关。尤其是，同一种能源在不同的生产部门使用，所带来的大气污染排放量截然不同，这常常是以往研究所忽略的。因此，本书按照详细的经济部门（居民生活、电力、非电力工业、第三产业与政府、农业以及交通运输六个类别）和能源类型（煤炭、燃油和天然气三种）对排放源进行分类。对于每一种排放源，确定活动水平数据（即能源消耗量）和相应的排放因子，计算出颗粒物（$PM_{2.5}$、$PM_{10-2.5}$）排放量。如下：

$$E = \sum_m \sum_n A_{e,i} \cdot F_{e,i} \tag{3-1}$$

其中，E 表示污染物排放量（g）；A 表示能源消耗量（kg）；F 表示排放因子（g/kg）；e、i 分别表示燃料类型、经济部门。受 $PM_{10-2.5}$ 排放因子数据的有限性，为简便起见，本章将 PM_{10} 的排放因子视为 $PM_{10-2.5}$ 的排放因子。$PM_{2.5}$ 和 $PM_{10-2.5}$ 的排放因子取值详见以往文献（张强等，2006；Wang et al.，2005；Klimont et al.，2002）。

3.1.2　污染物排放与大气质量

实际上，任何地方的污染物浓度与气象因素（如温度、湿度、风速以及太阳辐射等）以及排放源因素（如烟囱高度、经度和纬度等）高度相关。但考虑到技术的有限，这些因素在地缘广阔的中国难以从宏观层面确定。为了简便起见，本书采用箱式模型（Nevers，2010），假设中国是个任何排放源均匀混合的箱子，并且在模拟环境中具有均匀的大气条件，且化学反应机制较为简单；每一时期的污染排放量在当期完全净化掉，不存在累积污染排放量，如下：

$$c = b + \frac{S \cdot L}{u \cdot H} \tag{3-2}$$

其中，c 是大气污染浓度值（$\mu g/m^3$）；b 是污染背景浓度值（$\mu g/m^3$），即不存在人为活动时的自然界污染物浓度值；S 是污染物排放率（$\mu g/s - m^2$）；L 是长度（m）；u 是平均风速（m/s）；H 是箱子的高度（m）。

基于国家层面，在式（3-2）中这些气象因素（S，L，u，H）难以确定。鉴于数据的有限性，我们假设在基准情景（S_1，C_1）与未来情景（S_2，C_2）的气象系数是常数。通过消除这些气象常数项，运用式（3-3）

来估算大气污染浓度的变化。

$$\frac{S_2}{S_1} = \frac{C_2 - b}{C_1 - b} \qquad (3-3)$$

其中，S_1 和 S_2 分别代表污染物基准排放率和未来排放率（$\mu g/s - m^2$）；C_1 和 C_2 分别代表大气污染基准浓度值与未来浓度值（$\mu g/m^3$）。

在污染物排放匀速的假设下，S_1 与 S_2 的比率视为污染物基准排放量（E_1）与未来排放量（E_2）的比率，而污染物排放量由式（3-1）可推导出。受数据的有限性，本书通过 PM_{10} 与 $PM_{2.5}$（或 $PM_{10-2.5}$）的比率换算出中国 $PM_{2.5}$（或 $PM_{10-2.5}$）基准浓度值。借鉴洛夫斯基（Lvovsky，2000）和何等（He et al.，2001）的做法，PM_{10} 和 $PM_{2.5}$ 的比率为 0.65，那么 PM_{10} 与 $PM_{10-2.5}$ 的比率是 0.35。根据 WHO 室外空气污染数据库[①]和《中国生态环境状况公报 2010》可知，2010 年我国年均 PM_{10} 浓度为 $90\mu g/m^3$，那么 $PM_{2.5}$ 与 $PM_{10-2.5}$ 的基准浓度（C_1）分别为 $58.5\mu g/m^3$、$31.5\mu g/m^3$。在背景浓度方面，本书取 PM_{10} 背景浓度的最低值 $60\mu g/m^3$，换算出 $PM_{2.5}$ 与 $PM_{10-2.5}$ 的背景浓度（b）分别是 $39\mu g/m^3$、$21\mu g/m^3$。一旦获取上述数据，反事实情景中的 $PM_{2.5}$（或 $PM_{10-2.5}$）浓度水平（C_2）随之估算出来。

3.1.3　大气质量与居民健康

一旦确定了大气污染浓度水平，通过流行病学的暴露—反应函数可以量化出居民健康危害的物理量。为简单起见，本书中大气污染没有室内与室外之分，没有城市与农村之分。考虑到数据的可获性，本书选取了死亡（急性和慢性）、呼吸道疾病住院、心血管疾病住院、成年人受限制天数、成年人工作损失天数、哮喘及儿童支气管炎作为健康终端，$PM_{2.5}$ 和 $PM_{10-2.5}$ 污染物暴露—反应系数详见陈和何（2014）。

---

① 资料来源：WHO 室外空气污染数据库，http：//www.who.int/phe/health_topics/outdoor-rair/databases/cities/en/。

鉴于阈值存在与否的争论，本书采用线性暴露—反应函数及零阈值假设估算出居民健康损失物理量，如式（3 - 4）和式（3 - 5）所示，这种做法常用于健康风险评估研究中（Quah & Boon，2003；Wang & Mauzerall，2006；Guo et al.，2010）。值得注意的是，如果阈值确实存在的话，这种方法确实会高估空气污染的经济负担。受限于现有的流行病学文献，本书优先借鉴相关的中国研究，也有一些国际文献，采用的暴露—反应系数见表 3 - 2。

$$Case_{ij}^{Morbidity} = ER_{ij} \cdot C_j \cdot P \qquad (3-4)$$

$$Case^{AM} = \sum_j ER_j^{AM} \cdot C_j \cdot P \cdot M \qquad (3-5)$$

其中，ER_{ij}、C_j、P 分别表示非死亡健康终端 i 与污染气体 j 之间的暴露—反应系数、污染气体 j 的浓度、暴露人口；ER_j^{AM}、M 分别表示与污染气体 j 有关的过早死亡暴露—反应系数、整体死亡率。

本书还估算了 $PM_{2.5}$ 和 $PM_{10-2.5}$ 污染物带来不同年龄段的慢性死亡。正如比克尔和弗里德里希（Bickel & Eriedrich，2005）所认为的，考虑到慢性疾病需要数年的时间才能产生，本书假设慢性死亡人群在 30 岁以上，分年龄段慢性死亡暴露—反应系数见陈和何（2014），运用式（3 - 6）估算出污染气体带来的慢性死亡人数。

$$Case_j^{CM} = \sum_n ER_{jn}^{CM} \cdot C_j \cdot M_n \cdot P_n \qquad (3-6)$$

其中，M_n 和 P_n 分别为分年龄段 n 死亡率以及人口总数。

本书借鉴 WTP 法、COI 法所评估出单位居民健康损失物理量的经济损失，见表 3 - 1。在单位工作损失天数的经济损失评估上，本书采用中国 CGE 模型内生确定的工资水平来估算；在慢性死亡损失评估上，假设中国居民退休年龄是 60 岁，若一位劳动者在 40 岁去世，那么，20 年的劳动损失通过 20 年的平均工资水平损失量来表示。尽管在居民健康损失货币化中存在不确定性，但这些研究在评估 $PM_{2.5}$ 和 $PM_{10-2.5}$ 经济负担方面仍会提供一些有价值的参考信息。

表 3-1　　　　中国居民健康终端单位损失成本（2010 年价格）

健康终端	单位	成本（元）	评估方法	资料来源
急性死亡[b]	例	500783	VSL	哈密特和周（Hammitt & Zhou, 2006）
呼吸道疾病住院[a]	次	5152	COI	《中国卫生统计年鉴 2010》《中国第四次卫生服务调查报告》
心血管疾病住院[a]	次	6467	COI	《中国卫生统计年鉴 2010》《中国第四次卫生服务调查报告》
受限制天数（成年）[b]	天	105	WTP	甘和陈（Kan & Chen, 2004）
哮喘就诊[b]	次	47	WTP	哈密特和周（2006）
支气管炎发病（儿童）[b]	次	37160	COI	甘和陈（2004）

注：[a] 一般而言，住院费用包括直接住院费、陪护费以及因住院而误工的工资损失。考虑到本书中工作损失天数已作为一个独立的健康终端。那么，单位住院成本由直接住院费用和陪护费两部组成。受数据的有限性，将《中国卫生统计年鉴 2010》中细菌性肺炎住院费用代表着呼吸道疾病直接住院费用，充血性心力衰竭住院费用代表着心血管疾病住院费用；且间接住院费用由《中国第四次卫生服务调查报告》获取的 2008 年数据代表。

[b] 单位成本数值是根据 2010 年中国整体人均收入与借鉴文献中具体调研年份具体城市人均收入的比值换算出来的，具体公式为：$W = W_c \times (I/I_c)^e$。其中，W 为调整后年份健康成本；W_c 为文献中具体调研年份具体城市的健康成本；I 与 I_c 分别表示调整后年份与调研年份具体城市的人均收入，收入弹性 e 设为 1。

3.1.4　居民健康与 CGE 模型

基于一般均衡的视角，本书将污染物所带来的医药花费与工作损失总天数反馈给宏观经济系统中，从而产生了 CGE 模型中医疗服务需求、可支配收入以及要素市场中劳动供给总量的外生冲击。其中，工作损失总天数包括了非死亡劳动损失天数与死亡致使的劳动损失天数。本书只考虑了慢性死亡带来劳动损失天数，通过 30～59 岁慢性死亡人数乘以工人年均工作天数（260 天）得到。对于急性死亡人群而言，一些可能是儿童或退休工人，因此，本书不再考虑急性死亡所带来的劳动供给损失。

3.2　CGE 模型的结构与特点

3.2.1　CGE 模型的主要特征

鉴于本书考虑到居民健康质量对经济产出的反馈影响，需要在每次情景研究中模拟两次，故为简单起见，采用静态 CGE 模型。CGE 模型的理论基础是瓦尔拉斯的一般均衡理论，采用一系列联立方程组的形式描述宏观经济系统不同个体及交互行为。根据收入最大化原则，生产者在现有的要素供给与生产技术限制条件下决定最优的产品供给量；同样地，消费者为了实现效用最大化来确定将有限的可支配收入来购买商品或服务。价格是调节个体行为的唯一指标，并存在一组均衡价格使得产品和生产要素的最优供给量等于最优需求量，此时就是稳定均衡状态。

本书的 CGE 模型包括农业、煤炭采选业、石油天然气开发业、石油炼制业、电力、服务业、高耗能工业、其他工业、卫生、私人交通、城市公共交通、道路运输及其他企业交通 13 个生产部门。生产要素分为资本和劳动两种，经济主体有居民、企业、政府以及国外四个主体。考虑到本书研究重点是能源税政策效果评估，我们尚未将家庭和企业细化为详细类别，而是采用代表性的家庭和企业来分别反映家庭行为和企业行为。集合 i、n 及 e 分别代表所有产品、非能源产品及能源品集合。

3.2.2　CGE 模型的基本结构

在本模型中，商品和要素的初始价格均设为 1。如图 3 - 2 所示，其主要模块和各层次结构的具体解释见以下内容。

1. 生产模块。

我们假设一个部门只生产一种商品，同时所有部门的技术都具有规模报酬不变的特性。图 3 - 2 阐释了生产部门的供给结构。矩形中的文字代表变量，菱形中表达所采用的替代关系。一个代表性企业的最终目标是实现其利润最大化，通过使用增加值投入、能源集合品和中间投入来

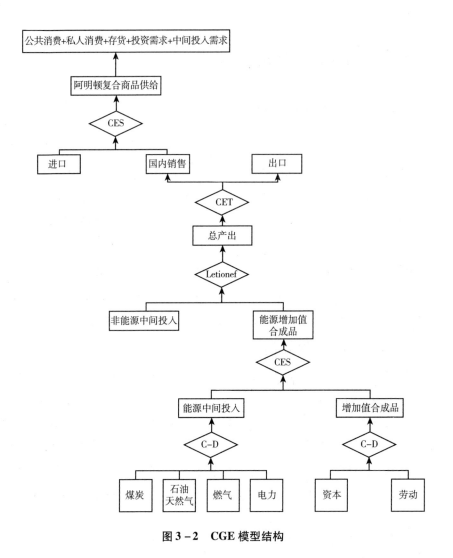

图 3-2 CGE 模型结构

生产产品。在第一层次，非能源中间投入和资本—劳动—能源复合品按照里昂惕夫（Leontief）函数形式决定最终产出水平，如下：

$$QIN_{ni} = a_{ni} \cdot QX_i \qquad (3-7)$$

其中，QX_i 为 i 部门的国内总产出；a_{ni} 为 i 部门生产一单位产品所需要非能源产品 n 的中间投入系数；QIN_{ni} 为 i 部门生产所需要的 n 产品中间投入量。

在第二层次，资本—劳动—能源复合品是由能源复合品和合成增加值以常替代弹性（constant elasticity of substitution，CES）的关系表示。具体如下：

$$QVE_i = A_{hi} \cdot \left[\delta_{hi} \cdot QINE_i^{-\rho_h} + (1 - \delta_{hi}) \cdot QV_i^{-\rho_h} \right]^{-\frac{1}{\rho_h}} \qquad (3-8)$$

其中，QVE_i 为 i 部门生产产品的资本—劳动—能源复合品，在下面的社会核算矩阵中由"劳动报酬 + 资本报酬 + 能源品中间投入"构成；$QINE_i$ 为 i 部门的能源中间投入复合品；QV_i 为 i 部门增加值要素投入；A_{hi}、δ_{hi} 和 ρ_h 分别为 i 部门产出的效率参数、能源投入复合品份额参数以及能源投入品与增加值要素投入的替代弹性。根据生产者利润最大化的原则，可以推导出最优的投入需求函数，如下：

$$\frac{QINE_i}{QV_i} = \left(\frac{PV_i}{PINE_i} \cdot \frac{\delta_{hi}}{1 - \delta_{hi}} \right)^{\frac{1}{1+\rho_h}} \qquad (3-9)$$

其中，PV_i 为增加值要素投入价格；$PINE_i$ 为能源投入的复合价格。

在第三层次，能源合成品由电力、煤炭、原油天然气、成品油四种能源以 C-D 函数形式确定；增加值合成品由劳动和资本要素构成，同样以 C-D 函数形式确定，具体如下：

$$QINE_i = v_i \prod_e (QIN_{ei})^{\alpha_{ei}^m} \qquad (3-10)$$

$$QV_i = \partial_i \cdot K_i^{1-\alpha_i} \cdot L_i^{\alpha_i} \qquad (3-11)$$

其中，QIN_{ei} 为 e 能源品对 i 部门生产产品的中间投入；α_{ei}^m 为各能源投入品 e 占 i 部门总能源投入品的份额；v_i 为能源投入的效率参数。QV_i 为 i 部门生产产品所需要的增加值要素复合品投入；∂_i 为 i 部门的增加值要素投入的效率参数，K_i 和 L_i 分别代表 i 部门生产产品所需要的资本要素投入与劳动要素投入量。因此，生产者的最优生产决策表达如下：

$$QIN_{ei} = \alpha_{ei}^m \cdot \frac{PINE_i}{PQ_e} \cdot QINE_i \qquad (3-12)$$

$$K_i = \alpha_i \cdot \frac{PV_i}{UK_i} \cdot QV_i \qquad (3-13)$$

$$L_i = \alpha_i \cdot \frac{PV_i}{PL} \cdot QV_i \qquad (3-14)$$

其中，UK_i 代表着 i 部门生产过程中投入的资本成本；PL 为平均工资水平。

2. 贸易模块。

本模型的贸易模块和标准 CGE 模型的设置一致。采用小国假设，即本国出口决策不会影响国际价格，只是国际价格的接受者。因此，本书通过常弹性转换（constant elasticity of transformation，CET）函数的形式将国内总产出分配给国内与国际市场，即：

$$QX_i = \alpha_{ti} \cdot \left[\delta_{ti} \cdot QE_i^{\rho_{ti}} + (1 - \delta_{ti}) \cdot QD_i^{\rho_{ti}} \right]^{\frac{1}{\rho_{ti}}} \qquad (3-15)$$

其中，QE_i 和 QD_i 分别代表国内生产 i 产品的出口量与国内供应量；α_{ti} 为有关 i 产品出口与国内生产国内销售的函数转移参数；δ_{ti} 为 i 产品出口量在国内总产出所占比重；ρ_{ti} 为有关 i 产品出口与国内生产国内销售的函数指数。根据生产者在销售 i 产品时的利润最大化原则，得出国内产出在出口与国内销售的最优分配为：

$$\frac{QE_i}{QD_i} = \left(\frac{PE_i}{PD_i} \cdot \frac{1 - \delta_{ti}}{\delta_{ti}} \right)^{\frac{1}{\rho_{ti}-1}} \qquad (3-16)$$

其中，PE_i 为国内生产的 i 产品出口价格；PD_i 为国内生产的 i 产品国内供应价格。

在进口方面，本书按照阿明顿（Armington）假设，国际市场中来自不同国家的商品之间存在不完全替代的关系。因此，国内市场总供给量 QQ_i 是由国内产品 QD_i 和进口产品 QM_i 以 CES 函数形式来确定，以反映两者之间的不完全替代性。

$$QQ_i = \alpha_{qi} \cdot \left[\delta_{qi} \cdot QM_i^{-\rho_{qi}} + (1 - \delta_{qi}) \cdot QD_i^{-\rho_{qi}} \right]^{-\frac{1}{\rho_{qi}}} \qquad (3-17)$$

其中，QQ_i 为 i 产品的国内总供给；δ_{qi} 为 i 产品进口量占国内总供给的份额；ρ_{qi} 为函数的指数参数；同样地，根据利润最大化原则，得出 i 产品国内总供给中，国内生产与进口的最优配置如下：

$$\frac{QM_i}{QD_i} = \left(\frac{PD_i}{PM_i} \cdot \frac{\delta_{qi}}{1 - \delta_{qi}} \right)^{\frac{1}{1 + \rho_{qi}}} \qquad (3 - 18)$$

其中，PM_i 为进口品 i 产品在国内的市场价格。

3. 价格模块。

根据前文贸易模块的小国假设，中国在全球贸易中处于价格接受者的地位。因此，商品的出口价格与进口价格均是由国际市场价格决定的，并受关税、汇率的影响。其中，进口价格用人民币表示，而世界市场价格由美元表示，具体如下：

$$PM_i = \overline{pwm_i} \cdot (1 + tm_i) \cdot EXR \qquad (3 - 19)$$

$$PE_i = \overline{pwe_i} \cdot (1 + te_i) \cdot EXR \qquad (3 - 20)$$

其中，$\overline{pwm_i}$ 和 $\overline{pwe_i}$ 分别代表进口商品 i 和出口商品 i 的世界市场价格（单位：美元）；tm_i 和 te_i 分别代表商品 i 的进口关税和出口补贴；EXR 为人民币对美元的汇率。

鉴于国内总供给商品是由进口品与国内生产的商品所复合而成，那么，在消费者最小支出的原则下，国内总供给商品复合品价格也应该是由进口品价格与国内生产的价格不完全替代合成的。具体如下：

$$PQ_i = \alpha_{qi}^{-1} \cdot \left[\delta_{qi}^{\Omega_{qi}} \cdot PM_i^{1 - \Omega_{qi}} + (1 - \delta_{qi}^{\Omega_{qi}}) \cdot PD_i^{1 - \Omega_{qi}} \right]^{1/(1 - \Omega_{qi})}$$

$$(3 - 21)$$

其中，PQ_i 为国内总供给商品 i 的复合价格；$\Omega_{qi} = -1/(1 + \rho_{qi})$，$\Omega_{qi}$ 为商品 i 在进口品与需求品之间的替代弹性。

对于国内生产的商品价格 PX_i 而言，它主要是由出口的商品价格 PE_i 和用于国内供给 PD_i 的商品价格复合而成。也就是说，国内供给 PD_i 定义为：

$$PD_i = \frac{PX_i \cdot QX_i - PE_i \cdot QE_i}{QD_i} \qquad (3 - 22)$$

对于商品 i 生产过程中非能源中间投入品复合价格 $PINT_i$ 而言，它是由各种中间投入品价格按照固定的中间投入系数组合而成，如下：

$$PINT_i = \sum_{j \in N} PQ_j \cdot a_{ji} \qquad (3-23)$$

其中，集合 N 代表非能源商品。

对于商品 i 生产过程中能源品中间投入复合价格 $PINE_i$ 而言，它是由各种能源品价格之间满足 C-D 函数关系推导得出，即：

$$PINE_i = v_i^{-1} \prod_e \left(\frac{PQ_e}{\alpha_{ei}^m} \right)^{\alpha_{ei}^m} \qquad (3-24)$$

同样的，对于由资本与劳动要素按照 C-D 函数关系复合而成的增加值要素而言，其增加值要素价格定义为：

$$PV_i = \partial_i^{-1} \cdot \left(\frac{UK_i}{1-\alpha_i} \right)^{1-\alpha_i} \cdot \left(\frac{PL}{\alpha_i} \right)^{\alpha_i} \qquad (3-25)$$

对于资本要素而言，商品 i 生产过程中所要投入的资本服务价格是由此部门所用资本来源的各部门价格加权平均计算所得，从而资本的使用价格也就确定下来。具体如下：

$$PK_i = \sum_j sf_{ji} \cdot PQ_j \qquad (3-26)$$

$$UK_i = (\vartheta_i + R) \cdot PK_i \qquad (3-27)$$

其中，PK_i 为 i 部门生产活动的固定资本品价格；sf_{ji} 为 j 商品投资占 i 部门生产活动总固定资产投资的份额；ϑ_i 为 i 部门的固定资产折旧率；R 代表真实利率。

综上所述，对于国内生产的商品 i 而言，它在生产过程中需要非能源中间投入、能源中间投入复合品以及增加值要素的投入。那么，国内商品 i 的生产价格定义为：

$$PX_i = \frac{PINT_i \cdot QINT_i + PV_i \cdot QV_i + PINE_i \cdot QINE_i}{(1-tx_i) \cdot QX_i} \qquad (3-28)$$

其中，tx_i 为对商品 i 生产活动的税率；PV_i 为由劳动与资本构成的增加值要素投入复合品价格。为了判断我国大宗商品价格的变动情况来反映通货膨胀程度，本模型采用 CPI 指数，如下：

$$CPI = \sum_i PQ_i \cdot cwts_i \qquad\qquad (3-29)$$

其中，$cwts_i$ 为居民对商品 i 的消费量占总消费量的份额。

4. 收入与支出模块。

在商品市场，居民是购买商品的需求方，同时在生产要素市场也是向企业提供劳动与资本的供给方。因此，居民的收入来源主要包括企业支付的要素收入、来自企业、政府以及国外的转移支付等。居民在此总收入扣除所得税后，剩余的分配给商品购买和储蓄。居民效用函数采用各产品消费构成的 C-D 函数形式。值得注意的是，代表性居民既会购买企业交通，也会使用私有交通（如私家车）。在本模型中，购置交通服务由企业交通部门（如航空、铁路等）来提供；私人交通服务由居民来提供，它既是生产部门，也是居民的消费支出，由其他工业部门（购置车辆）、服务业（维修保险等）以及成品油生产部门提供中间产品的投入，具体设置详见以往文献（Chen & He，2014）的研究。具体如下：

$$YH = \sum_i L_i \cdot PL \qquad\qquad (3-30)$$

$$YF = \sum_i K_i \cdot UK_i \qquad\qquad (3-31)$$

$$IH = (YH + YF \cdot kh) \cdot (1 - th) + \overline{REMIT} \cdot EXR + \overline{HSUB} \cdot CPI + \overline{CHSUB}$$
$$(3-32)$$

$$CD_i = \frac{\eta_i \cdot [IH \cdot (1 - mps)]}{PQ_i} \qquad\qquad (3-33)$$

$$HSAV = mps \cdot IH \qquad\qquad (3-34)$$

其中，YH、YF 分别为劳动总报酬和资本投资总报酬；IH 为居民总收入；kh 为居民从企业资本投资报酬中所获得的分红份额；th 为个人所得税税率；$\overline{REMIT}$ 为国外对本国居民的转移支付；$\overline{HSUB}$ 为政府对居民的转移支付；$\overline{CHSUB}$ 为企业对居民的转移支付；CD_i 为商品 i 的居民消费量；η_i 为商品 i 的边际消费份额，且 $\sum_i \eta_i = 1$；mps 为居民的边际储蓄倾向；$HSAV$ 为居民储蓄。

企业在生产过程中也是资本要素的供给者，因此，其收入主要来自企业所获得的资本要素报酬以及政府对企业的转移支付。在扣除企业所得税、企业对居民的转移支付等，剩余的就是企业储蓄。具体如下：

$$CSAV = YF \cdot (1 - kh) \cdot (1 - k_q) + \overline{GENT} - \overline{CHSUB} \quad (3 - 35)$$

其中，$CSAV$ 为企业储蓄；k_q 为企业所得税税率；$\overline{GENT}$ 代表外生给定的政府对企业转移支付。

政府的财政性收入主要来自在生产和消费等领域对居民和企业征收的税收（包括燃油税税收）及净国外借入等。在支出方面，将财政性收入扣除政府购买和对其他经济主体的转移支付后，剩余的用于政府储蓄。值得注意的是，本书假设政府购买和对其他经济主体的转移支付固定不变。

$$HTAX = th \cdot (YH + YF \cdot kh) \quad (3 - 36)$$

$$NETAX_i = PX_i \cdot QX_i \cdot tx_i - EXPSUB_i \quad (3 - 37)$$

$$YG = HTAX + \sum_i NETAX_i + \sum_i (tm_i \cdot \overline{pwm_i} \cdot QM_i \cdot EXR)$$

$$+ YF \cdot (1 - kh) \cdot k_q + RC + \overline{RIG} \quad (3 - 38)$$

$$GSAV = YG - \overline{HSUB} - \sum_i PQ_i \cdot \overline{GD_i} - \overline{RYG} \quad (3 - 39)$$

其中，YG 为政府财政性收入；$HTAX$ 为居民税收收入；$NETAX_i$ 为 i 商品的总间接净税收收入；$EXPSUB_i$ 为 i 商品的出口性补贴；RC 为燃油税税收收入（在下文燃油税模块重点讨论）；$\overline{RIG}$ 为政府预算赤字；$GSAV$ 为政府储蓄；$\overline{GD_i}$ 为外生给定的政府购买；$\overline{RYG}$ 为政府对其他经济体的转移支付。

综上所述，宏观经济系统中的总储蓄是由企业储蓄、居民储蓄、政府储蓄以及海外净储蓄组成。具体如下：

$$TSAV = HSAV + GSAV + CSAV + \overline{FSAV} \quad (3 - 40)$$

其中，$TSAV$ 为总储蓄；$\overline{FSAV}$ 为外生给定的海外净储蓄。

5. 投资模块。

从流动性上来看，名义总投资分为存货投资与固定资产投资，前者的流动性更为显著。就存货投资而言，一般而言，生产一单位产品 i 中用于作为存货投资的数量称为存货投资系数，最终产品 i 存货投资的需求量是由存货投资系数与其总产出所决定的，即：

$$DST_i = kc_i \cdot QX_i \qquad (3-41)$$

其中，DST_i 为产品 i 所需要的存货量；kc_i 为存货投资系数。

对于固定资产投资而言，一般做法是将名义总投资中扣除总存货投资，剩余的部分就是总固定资产投资需求；然后，按照外生校准得出的部门 i 投资在总投资所占比重将固定资产投资需求分配到各类部门中，如下：

$$PK_i \cdot DK_i = kshr_i \cdot \left(INVEST - \sum_i DST_i \cdot PQ_i \right) \qquad (3-42)$$

其中，DK_i 为对部门 i 的固定资产投资；$kshr_i$ 为部门 i 投资在总固定资产投资中的份额，$\sum_i kshr_i = 1$；$INVEST$ 为名义总投资。

在计算出各部门的固定资产投资需求基础上，可以通过 i 商品投资占 j 部门生产活动总固定资产投资的份额求出 i 商品在 j 部门生产活动中的资产投资，并将其加总，得出各类商品的投资需求。具体如下：

$$IK_i = \sum_j sf_{ij} \cdot DK_j \qquad (3-43)$$

其中，IK_i 代表商品 i 用作投资品的市场需求。

那么，按照支出法来计算实际国内生产总值的变动，有居民消费、政府消费、投资需求、存货需求、实际进口与实际出口组成，具体定义公式如下：

$$RGDP = \sum_i \left(CD_i + GD_i + DK_i + DST_i \right) + QE_i - QM_i \qquad (3-44)$$

6. 宏观闭合与市场出清模块。

在宏观闭合方面，政府预算均衡、国际收入均衡、投资储蓄平衡共同闭合了 CGE 模型。对于政府预算均衡而言，政府总收入等于总收支，如式（3-39）所示，其中，政府消费是外生给定的，政府储蓄由政府收入与支出的变化而内生给定。对于投资储蓄均衡而言，采用了新古典闭合规则的储蓄驱动型，投资由代表性家庭的收入与储蓄内生决定，如下：

$$INVEST = TSAV \qquad (3-45)$$

对于国际收入均衡而言，国外储蓄给定，实际汇率是内生变量，通过汇率的内生调整以实现外部均衡。

$$\sum_{i \in CM} \overline{pwm_i} \cdot QM \cdot EXR + \overline{IRC} + \overline{RYG}$$

$$= \sum_{i \in CE} \overline{pwe_i} \cdot QE_i \cdot EXR + \overline{REMIT}$$

$$+ \overline{FSAV} + \sum_i EXPSUB_i \qquad (3-46)$$

在市场出清方面，主要就商品市场出清、劳动要素市场与资本要素市场出清进行讨论。在商品市场出清方面，国内市场所供给的商品用于满足国内不同类别的商品需求，即总供给等于总需求。具体如下：

$$QQ_i = \sum_j QIN_{ji} + \overline{GD_i} + DK_i + DST_i + CD_i \qquad (3-47)$$

在要素市场出清方面，所有要素市场的总供给等于总需求，通过要素市场价格（如工资率和资本回报率）的内生调节达到市场出清的状态。

$$\sum_i L_i = \bar{L} \qquad (3-48)$$

$$\sum_i K_i = \bar{K} \qquad (3-49)$$

7. 居民福利模块。

判断一项政策有效性的常用标准是分析经济效率。若在现有基础上实施某项新政策或调整原有政策路径，调节资源配置，使得在不损害其他人效用的基础改进了一个或一些群体的效用，使其状况变好，这种政策变动成为帕累托改进；若这种资源重新配置使得一些人状况变好，而另一些人的状况变得更好。那么，若从整体居民福祉来看，这种状况往往无法直接给出定论，而需要具体的数值度量方法去衡量。希克斯等价变量（equivalent variation，EV）是一种常用的方法。它是以原始状态为基准情景，为了使得居民原有消费所带来的总效用 U_0 等同于政策实施后的新效用 U_1，需要在政策实施前从居民收入中扣除或增加的货币量。那么，这种货币量大小是个体变化之前的效用水平能等价于变化之后的效用水平所需的转移支付变化，从而来衡量居民福利的变动。本模型居民效用 U 采用 C-D 函数形式，具体定义公式如下：

$$U = \prod_i (CD_i)^{\eta_i} \tag{3 - 50}$$

那么，根据霍尔斯等（Holst et al.，2009）的推导，可得出等价变动 EV 的公式为：

$$EV = E(U_1, P_0) - E(U_0, P_0) = (U_1 - U_0) \cdot \prod_i \left(\frac{P_0}{\eta_i}\right)^{\eta_i} \tag{3 - 51}$$

其中，U_1 和 U_0 分别表示新旧均衡状态下的居民效用；P_0 为初始状态下的商品 i 价格。在式（3 - 51）中，设定基准价格为 1。当 EV 为正值时，该政策增进了民众福祉，提高生活质量，反之亦然。

8. 燃油税模块。

目前，我国燃油税在生产环节以从量税的形式征收。那么，燃油税收入 RC 定义为：

$$RC = QX_{oil} \cdot PX_{oil} \cdot TR_{oil} \cdot tc \cdot 10000 \tag{3 - 52}$$

其中，RC 为燃油税税收收入（亿元）；QX_{oil} 为国内成品油的总产出；PX_{oil} 为成品油的国内生产成本；TR_{oil} 为成品油数量由价值型向实物型转换的因子（万吨/亿元）。这一燃油税税收需要添加到前文所描述政府收入的式（3 - 38）中。那么，在生产环节征收燃油税收入的基础上，可用式（3 - 53）将其转化为生产环节征收的从价税税率 dth，即政府对燃油税征收的税收收入与国内生产的成品油总价值量之比：

$$dth = \frac{RC}{QX_{oil} \cdot PX_{oil}} \tag{3 - 53}$$

由于本章重点研究成品油消费税政策效果，这里的从价税只是针对燃油，从而征税后的燃油国内产出价格变为：

$$PC_{oil} = PX_{oil} \cdot (1 + \mathrm{d}th) \qquad (3-54)$$

因此，该征税后的燃油价格才是其他企业和消费者所面对的燃油国内产出最终价格。

倘若燃油税以从量税的形式在零售环节征收，那么，燃油税税收收入 RC 定义为：

$$RC = QIN_{oil,tran} \cdot PQ_{oil} \cdot TR_{oil} \cdot tc \cdot 10000 \qquad (3-55)$$

其中，$QIN_{oil,tran}$ 是交通部门运行过程中的成品油中间投入。相对应地，零售环节征收燃油税的从价税税率是：

$$\mathrm{d}th = \frac{RC}{QIN_{oil,tran} \cdot PQ_{oil}} \qquad (3-56)$$

在零售环节收税时，由于征税对象是交通部门的燃油需求，因此，交通部门的购买价格将因燃油税而发生变化，等于燃油国内供给价格加上其燃油税。

倘若燃油税以从量税的形式在批发环节征收，那么，燃油税税收收入 RC 定义为：

$$RC = \left(\sum_i QIN_{oil,i} + CD_{oil} \cdot PQ_{oil} \right) \cdot TR_{oil} \cdot tc \cdot 10000 \qquad (3-57)$$

此时，批发环节征收的燃油税从价税税率为：

$$\mathrm{d}th = \frac{RC}{\sum_i QIN_{oil,i} + CD_{oil} \cdot PQ_{oil}} \qquad (3-58)$$

由此可见，在生产环节、批发环节、零售环节征收燃油税时的从价税税率 dth 是相等的，其政策效果的差异主要在于征收范围的大小。

最后，将宏观经济系统所有能源消耗价值量通过转换参数转变成实物量，能够与前面污染排放模块的式（3-1）中能源消耗量 $A_{e,i}$ 衔接上，具体如下：

$$A_{e,i} = TR_e \cdot YC_{e,i} \qquad (3-59)$$

其中，TR_e 为能源品 e 由价值量向实物量的转化参数（万吨/亿元）；$YC_{e,i}$ 为生产部门 i（其中包括家庭消费部门）中能源品 e 的中间投入价值量（亿元）。

至此，根据燃油税政策分析的需要完成了对 CGE 模型的构建。

3.2.3　CGE 模型数据

1. 社会核算矩阵。

社会核算矩阵（social accounting matrix，SAM）反映了宏观经济系统中各部门、各经济主体，以及要素市场与商品市场之间的关系，是 CGE 模型的数据基础。在数据方面，SAM 表是一个数据方阵，每行和每列代表一个国民核算账户，如居民、政府等，相同的行和列代表同一个账户。从行来看，元素数值代表该账户从其他账户得到的收入；从列来看，元素数值代表该账户在其他账户所花费的支出。市场均衡意味着支出等于收入，所以同一账户的列和等于相应的行和。因此，SAM 的构建是建立在浓厚的市场均衡经济思想上的。

社会核算矩阵表以投入产出表（input-output table，I-O）为主要数据来源。在实际应用中，具体账户的设计需要根据研究问题和可获得的数据作出灵活调整，对感兴趣的生产部门、要素和机构进行拆分，其他数据可通过合并以保持相对准确，得到更为全面、翔实且符合研究需求的数据库，从而用于研究各种政策情景的影响。但通常来讲，见表 3-2，社会核算矩阵表通常包括 8 个主要账户。

我国 I-O 表每 5 年更新一次，本书的 SAM 表主要来源于中国 2010 年投入产出表的延长表，见表 3-3，根据研究需要将投入产出表中的部门合并起来。鉴于数据来源的差异以及可能存在的统计误差，初始的 SAM 表并不平衡。对此，通过 RAS[①] 法对初始 SAM 表进行调平，平衡后的宏观 SAM 表见表 3-4。

---

① R 代表行乘数，A 代表初始矩阵系数，S 代表列乘数。

表 3 – 2

宏观 SAM

类别/部门	生产活动		要素		机构			国外	资本		汇总
	商品	活动	资本	劳动	居民	企业	政府		资本账户	存货	
生产活动　商品		中间投入			居民消费		政府消费	出口	资本形成总额	存货增加	总需求
生产活动　活动	国内总产出										总支出
要素　资本		资本报酬									资本收入
要素　劳动		劳动报酬									劳动收入
机构　居民			居民（财产性）收入	劳动收入			政府转移支付				居民收入
机构　企业			企业资本收入				政府补贴收入				企业收入
机构　政府	进口关税	生产税			个人所得税	企业直接税					政府收入
国外	进口		国外投资收益				政府对外支出				外汇支出
资本　资本账户					居民储蓄	企业储蓄	政府储蓄	国外资本收入			总储蓄
资本　存货									存货投资		存货变动
汇总	国内总供给	总投入	资本要素支出	劳动要素支出	居民支出	企业支出	政府支出	外汇收入	总投资	存货变动	

注：同一账户的行和与列和相等，才能实现经济系统的均衡。

资料来源：赵永和王劲峰（2008），经笔者整理得来。

表 3 - 3　　　　　　　　宏观 SAM 表数据来源

行账户	列账户	账户名称	数据来源
商品	活动	中间投入	投入产出表 2010 年延长表
	居民	居民消费	投入产出表 2010 年延长表
	政府	政府消费	投入产出表 2010 年延长表
	国外	出口	投入产出表 2010 年延长表
	资本账户	固定资本形成	投入产出表 2010 年延长表
	存货	存货变动	投入产出表 2010 年延长表
活动	商品	国内总产出	投入产出表 2010 年延长表
资本	活动	资本回报	投入产出表 2010 年延长表
劳动	活动	劳动者报酬	投入产出表 2010 年延长表
居民	资本	居民资本收入	2010 年资金流量表（实物交易）
	劳动	劳动收入	投入产出表 2010 年延长表
	企业	企业对居民的转移支付	余项
	政府	政府对居民的转移支付	中国财政年鉴 2011
	国外	居民的国外收益	2010 年国际收支平衡表
企业	资本	投资收益	资本回报扣除居民资本收入
	政府	政府对企业转移支付	2010 年资金流量表（实物部分）
政府	国外	国外对政府的净转移	2010 年国际收支平衡表
	居民	个人所得税	中国财政年鉴 2011
	企业	企业所得税	中国财政年鉴 2011
	活动	生产税净额	投入产出表 2010 年延长表
	商品	进口税	中国财政年鉴 2011
国外	商品	进口	投入产出表 2010 年延长表
	政府	政府对国外的转移支付	0，因为在（政府 - 国外）账户中取净值
	资本	国外的资本投资收益	0，因为在（资本 - 国外）账户中取净值
资本账号	居民	居民储蓄	2010 年资金流量表（实物交易）
	企业	企业储蓄	余项
	政府	政府储蓄	余项
	国外	外资净流入	2010 年资金流量表（实物交易）

表3－4　　　　　　　　2010 年宏观 SAM

单位：亿元

类型	商品	活动	资本	劳动	居民	企业	政府	国外	资本账户	存货	汇总
商品	0	851237	0	0	145264	0	52094	111799	185804	9989	1356188
活动	1252645	0	0	0	0	0	0	0	0	0	1252645
资本	0	152729	0	0	0	0	0	0	0	0	152729
劳动	0	191009	0	0	0	0	0	0	0	0	191009
居民	0	0	12930	191009	0	36046	9034	2895	0	0	251915
企业	0	0	1397984	0	0	0	9055	0	0	0	148854
政府	4829	57670	0	0	4662	12458	0	－18	0	0	79601
国外	98714	0	0	0	0	0	0	0	0	0	98714
资本账户	0	0	0	0	101989	100349	9418	－15963	0	0	195793
存货	0	0	0	0	0	0	0	0	9989	0	9989
汇总	1356188	1252645	152729	191009	251915	148854	79601	98714	195793	9989	

资料来源：笔者搜集并调平数据得来。

　　在编制细化 SAM 表时，考虑到数据可获性与本书的研究问题，将生产部门细分为 13 个部门。其中，2010 年投入产出表延长表 42 个部门中只有一个石油加工、炼焦及核燃料加工业，2007 年投入产出表 135 个部门中有石油加工及炼焦部门、核燃料加工业两个部门。因此，为了更好地研究燃油税改革，非常有必要将核燃料加工业与石油加工业区分开来，具体做法是按照 2007 年 135 个部门中石油加工及炼焦部门、核燃料加工业两个部门的投入产出系数分解 2010 年投入产出表中的石油加工、炼焦及核燃料加工业部门。同样的，2010 年投入产出延长表中只有交通运输及仓储业一个部门，2007 年投入产出表有铁路运输业、道路运输业、城市公共交通业、水上运输业、航空运输业、管道运输业、装卸搬运和其他运输业、仓储业 8 个部门，按照 2007 年这 8 个部门的投入产出系数分解 2010 年投入产出中的交通运输业及仓储业部门数据，接着合并为城市公共交通、道路运输及其他企业交通三个部门。为了更加真实地评估出居民健康损失对卫生服务需求的变化，本书按照 2007 年投入产出表中卫生、社会保障与社会福利两个部门的投入产出系数分解 2010 年投入产出表卫生社会保障与社会福利这个部门数据，从而将卫生部门独立出来。为了描述不同道路交通类别受燃油税改革的影响，本书借鉴卡普拉斯等（2010）的做法从居民消费行为中细分出私人交通部门，总消费费用（即私人交通部门的总产出）由燃油费用、购置成本及服务成本三部分构成。其中，在总消费费用上，本书在帕利采夫等（2004）的基础做了调整，将中国居民在私人交通消费占总消费的比重取值 6%，而居民总消费在宏观 SAM 中是已知的；在燃油费用上，本书借鉴帕利采夫等（2004）中国私人交通燃油费占家庭总燃油费的 90% 假设，在家庭总耗油费用已知的基础上，能够估算出私人交通燃油费；在购置成本上，将代表性家庭购买汽车制造业的最终产品视为私人交通购置行为；在服务成本上，由私人交通总花费扣除燃油费用及购置成本的剩余部分。见表 3 - 5，经过拆分合并之后构成了本书的 13 个部门细化 SAM 表。

表 3 - 5   微观 SAM 表中的细分部分与对应的 I-O 表中的部门

微观 SAM 表的细分部门	与 42 部门产出投入的对应关系
农业	农林牧渔业
煤炭采选业	煤炭开采和洗选业
石油天然气开发业	石油天然气开发业
石油炼制业	石油加工、炼焦及核燃料加工业
电力	电力、热力的生产和供应业
服务业	邮政业，信息传输、计算机服务和软件业，房地产业，批发和零售贸易业，住宿和餐饮业，金融业，租赁和商务服务业，研究与实验发展业，综合技术服务业，水利、环境和公共设施管理业，居民服务和其他服务业，教育、卫生、社会保障和社会福利业，文化、体育和娱乐业，公共管理和社会组织
高耗能工业	化学工业、非金属矿物制品业，金属冶炼及压延加工业
其他工业	金属矿采选业，非金属矿及其他矿采选业，食品制造及烟草加工业，纺织业，纺织服装鞋帽皮革羽绒及制品业，木材加工及家具制造业，造纸印刷及文体教育用品制造业，石油加工、炼焦及核燃料加工业
卫生	卫生、社会保障和社会福利业
私人交通	笔者构建
城市公共交通	交通运输及仓储业
道路运输业	交通运输及仓储业
其他企业交通	交通运输及仓储业

2. CGE 模型参数标定。

一般而言，本书通过基准年 SAM 表的校准获取一部分模型参数（如中间投入系数等）。余下的参数（如生产要素替代弹性、固定资本系数等）一般需要通过计量方法去实证估计。目前，国内外已有不少学者在这方面做了研究，如王灿（2003）。为简便起见，本书直接参考以往学者的研究成果并经过一定的调整而得到的，具体详见表 3 - 6 和表 3 - 7。此外，鉴于本模型集中于研究各种能源税政策所带来的宏观变量相对变化，为简便起见，商品和要素的初始价格均设为 1，并不会影响研究结果。

表 3 – 6   模型弹性参数

类别	CET 替代 弹性[a]	Armington 替代弹性[a]	能源与增加值要素 投入生产替代弹性[a]	价值量转换参数[b]
农业	3.6	3.0	0.40	—
石油天然气开发业	4.0	3.0	0.60	0.65
石油炼制业	4.0	3.0	0.60	0.65
煤炭开采和洗选业	4.0	3.0	0.60	11.48
电力	0.5	0.9	0.50	—
服务业	2.8	2.0	0.40	—
高耗能工业	5.0	3.0	0.50	—
其他工业	4.0	2.0	0.50	—
卫生	2.8	1.9	0.45	—
城市公共交通	4.0	2.0	0.45	—
道路运输业	4.0	2.0	0.45	—
其他企业交通	4.0	2.0	0.45	—

资料来源：[a] 王灿（2003）、贺菊煌等（2002）、陈和何（Chen & He，2014），并根据研究需要进行适当调整。
[b] 单位：万吨标准煤（或万吨标准油当量）/亿元；数据是根据中国投入产出表的价值投入量与《中国统计年鉴 2011》表 7 – 2 "能源消费总量及构成"中的能源实物投入量相除得来。

3. 参数的敏感性分析。

正如前一节所提到的，部分参数主要来源于以往研究成果，但其具有很大的不确定性。其数值大小对不同的测量方法、函数形式及数据结构是非常敏感的，这会对各种外部冲击的政策效果有着非常大的影响。例如，生产函数中的替代弹性数值，代表着各种投入要素或中间投入品之间的互相替代难易程度，若数值越大，生产者面对外来冲击的调整能力就越强，受到的外来冲击影响就越小。因此，对于这些关键参数，往往需要进行敏感性检验，以判断分析结果的稳健性。

目前，较为常见的参数敏感性检验方法主要有五种：有条件的系统敏感性分析、无条件的系统性敏感性分析、Harrison-Viond 方法、Harrison-Viond 改进法、Monte Carlo 实验法。其中，后四种方法计算上较为复杂，在 CGE 研究中并不常见。故本书采用第一种方法，即对于每个参数选择某一均值作为基本参数组，然后在假设其他参数不变的基础上对每个参数的不同取值进行对照分析。

表 3 - 7

资本构成矩阵

类别	农业	石油天然气开发业	石油炼制业	煤炭	电力	服务业	高耗能工业	其他工业	卫生	私人交通	城市公共交通	道路运输业	其他企业交通
农业	0.033	0	0.016	0.029	0.035	0.027	0.018	0.023	0.027	0	0	0.037	0.037
石油天然气开发业	0	0	0	0	0	0	0	0	0	0	0	0	0
石油炼制业	0	0	0	0	0	0	0	0	0	0	0	0	0
煤炭	0	0	0	0	0	0	0	0	0	0	0	0	0
电力	0	0	0	0	0	0	0	0	0	0	0	0	0
服务业	0.026	0.007	0.013	0.022	0.026	0.035	0.01	0.017	0.035	0	0.027	0.027	0.027
高耗能工业	0	0	0	0	0	0	0	0	0	0	0	0	0
其他工业	0.939	0.9923	0.969	0.947	0.937	0.9364	0.9704	0.958	0.9364	1	0.934	0.934	0.934
卫生	0	0	0	0	0	0	0	0	0	0	0	0	0
私人交通	0	0	0	0	0	0	0	0	0	0	0	0	0
城市公共交通	0	0	0	0	0	0	0	0	0	0	0	0	0
道路运输业	0.001	0.0003	0.001	0.001	0.001	0.0006	0.0006	0.001	0.0006	0	0.001	0.001	0.001
其他企业交通	0.001	0.0004	0.001	0.001	0.001	0.001	0.001	0.001	0.001	0	0.001	0.001	0.001

资料来源：借鉴王灿（2003），并根据研究需要进行适当调整。

3.3　我国能源消耗对大气污染、居民健康及宏观经济的损失分析

我国空气污染问题日益突出，居民健康受到威胁，加快推进能源税改革是必然趋势，这是学者和社会所公认的。但我国能源消耗产生怎样的大气污染，对居民健康产生多大的威胁，宏观经济正常运转产生多大的损失，正确理解和判断能源环境问题对居民健康的影响是把握能源环境形势的重要内容。因此，本节采用所构建的一般均衡分析框架，定量研究中国能源消耗对大气污染、居民健康、宏观经济及居民福利等方面的负面影响，并对关键参数做敏感性检验，判断其对研究结果的影响。

3.3.1　能源消耗与大气污染情景设置

由于构建的综合分析框架数据基准年是 2010 年，所以，本节模拟分析了在不采取任何反事实政策的情形下，中国 2010 年能源消耗所带来的大气污染以及宏观经济损失。为此，我们需要设计两个情景：一个情景是用于描述 2010 年中国大气污染的历史情景，另一个反事实情景是不存在人为活动所带来的污染气体排放，只存在自然界原本的污染气体。

为了量化出 $PM_{2.5}$ 和 $PM_{10-2.5}$ 污染物人为排放带来的居民健康损失对宏观经济的反馈作用，可分三步：第一步，基于综合分析框架模拟基准情景，$PM_{2.5}$ 和 $PM_{10-2.5}$ 污染物排放致使居民健康损失已经传导到宏观经济实际运转中；第二步，通过对比反事实情景与基准情景的模拟结果得出污染物人为排放所带来的居民健康损失物理量与货币量；第三步，将居民健康损失通过劳动供给、居民可支配收入以及卫生服务需求等外生冲击传导给 CGE 模型，从而量化出居民健康损失对经济运转的负面效应。

3.3.2　能源消耗的大气污染、公众健康及宏观经济损失评估

为了深入分析大气污染对居民健康的影响，本书选择基准年 2010 年进行研究。研究发现，基于一般均衡的视角，在不采取任何政策的情形

下，2010 年 $PM_{2.5}$ 与 $PM_{10-2.5}$ 污染物人为排放使居民健康质量下降，身患疾病的总次数增多，其中，成年人因自身生病休息或照顾病人所耽误的工作天数以及过早死亡等无疑会导致劳动供给量减少。对于劳动市场而言，成年人工作天数因而减少。

此外，代表性家庭工作日的减少使得劳动收入缩减。伴随医药花费的增多，居民可支配收入减少。在有限的预算约束下，居民会缩减开支，总消费也会减少居民整体福利水平值降低。值得说明的是，考虑到健康质量恶化使得卫生服务消费增多但居民生活质量变得更加恶化，因此本书尚未将卫生服务纳入总消费及整体福利水平的测量范围内。

为进一步了解 $PM_{2.5}$ 和 $PM_{10-2.5}$ 污染物对居民身体健康的危害，本书进行了细化分析，发现大气污染致使的公众健康长期慢性效应远远超过急性效应。其中，$PM_{2.5}$ 已成为影响公众健康的最主要的污染物，$PM_{10-2.5}$ 污染造成的其他健康效应相对较小，单从大气污染健康效应的发作次数上来看，哮喘发病次数最高。可见，哮喘受大气污染的影响更为敏感。

此外，本书还对这些居民健康危害进行了货币化评价。发现在所有健康效应中，由于 $PM_{2.5}$ 造成的儿童支气管炎损失最大，受限制天数所带来的误工损失次之。

需要说明的是，此节是在不采取任何政策的情形下 2010 年中国 $PM_{2.5}$ 和 $PM_{10-2.5}$ 污染物健康损失的模拟分析。因此，这一结果必然高估了大气污染的实际经济损失，并不能真实反映当时中国大气污染的情形，仅仅是为后续燃油税政策反事实模拟提供基准情景对比。正是由于中国近年来治理大气污染的不懈努力，根据《中国生态环境状况公报》（2013～2019），$PM_{2.5}$ 和 PM_{10} 浓度分别从 2013 年的 72 微克/立方米、118 微克/立方米下降至 2019 年的 36 微克/立方米、63 微克/立方米，下降幅度分别达 50%、46%。在短时间内取得如此显著的治污成效在世界范围内是绝无仅有的。归根结底，这是由于中国政府坚持以人民为中心，将居民健康福祉放在决策中至关重要的地位。

3.3.3　敏感度分析

考虑到不同地区、不同时间段 $PM_{2.5}$ 和 $PM_{10-2.5}$ 污染物排放对居民健康的影响效应是有差异，暴露—反应系数的不确定性直接影响上述污染物人为排放的经济损失评估结果。为了分析由于暴露—反应系数的可能估计误差对模拟结果的影响，这里引入了敏感度分析。

本书模拟了在三个估值参数情景下对应的 $PM_{2.5}$ 和 $PM_{10-2.5}$ 污染物人为排放对各宏观经济变量的负面影响。当采用暴露—反应系数的下限值进行研究时，我国 $PM_{2.5}$ 和 $PM_{10-2.5}$ 污染物人为排放的健康损失会降低很多，其中，总消费损失与实际 GDP 损失下降幅度接近一半。当采用暴露—反应系数的上限值时，本书发现污染物所带来的健康质量恶化程度及宏观经济损失更为严重。因此，分析表明，我国 $PM_{2.5}$ 和 $PM_{10-2.5}$ 污染物人为排放的经济损失评估对暴露—反应系数的变动高度敏感；暴露—反应系数的不确定性拓宽了污染物的经济损失范围，但上一节得出的总体结论仍然成立，即在不采取任何政策的情形下 2010 年我国 $PM_{2.5}$ 和 $PM_{10-2.5}$ 污染物人为排放已经成为影响公众健康、居民福祉以及社会可持续发展的重要隐患，亟待政府采取应对措施。

3.4　本章小结

能源消费所带来的大气污染已经是一个不争的事实，而公众健康质量损失备受关注。为此，本章基于 CGE 模型，结合病理学、健康统计学等学科领域，考虑到能源消耗对环境、居民健康以及经济系统的负外部性问题，构建了一般均衡综合分析框架，并运用该分析框架深入探讨了 2010 年我国大气污染物（$PM_{2.5}$、$PM_{10-2.5}$）健康效应及经济损失。研究表明在不采取任何政策的情形下，2010 年我国大气污染，尤其是 $PM_{2.5}$ 污染物人为排放对居民健康、经济系统的危害是较大的。我国传统经济增长方式所造成的能源环境恶化以及公众健康危害形势比较严峻，已构成中国经济持续发展的阻力。因此，能源税政策的加快推进势在必行。

第4章
现行燃油税政策应对双重
损失效应实证研究

我国能源消耗所带来的 $PM_{2.5}$ 和 $PM_{10-2.5}$ 污染物排放已成为经济可持续发展的阻力。尤其健康质量是一种个人经济生产能力，对于经济的持续增长具有重要的作用。第3章已估算到，目前 $PM_{2.5}$ 和 $PM_{10-2.5}$ 污染物排放致使的健康效应会降低劳动供给量以及居民可支配收入，不利于宏观经济的增长。如何协调能源、环境、健康与经济的关系成为能源税研究的重要命题。那么，我国现行能源税政策能否实现环境保护与经济增长的协调发展？能否真正实现双重红利效应？本章从燃油税政策切入，重点回答上述问题，为评估中国现行燃油税政策的有效性提供更加翔实全面的现实依据。

因此，本章首先根据现有燃油税政策设置相应的模拟情景，并基于第3章所构建的一般均衡分析框架，评估现行燃油税政策在宏观经济、部门产出、产品价格、能源消耗、污染排放及居民健康等方面的影响，从而判断双重红利效应能否实现。然后，如果进一步考虑到污染健康效应对产出的反馈影响，该政策效应评估结果会出现怎样的差异呢？本章对此进行定量化的回答。

4.1　现行燃油税政策情景设置

本章对中国燃油税改革政策进行梳理后发现，为了应对我国能源消耗所带来的环境与经济双重损失，1994 年以来，中国燃油税税率经历多次上调，但改革进程缓慢，见表 4 - 1，作用机制亟待深入论证。尤其是上调税率可能会对宏观经济及居民生活造成负面影响，而这种担忧迫使政府需要谨慎择机推进燃油税政策。也就是说，现行燃油税政策是否真正发挥作用？对中国的污染排放和居民健康造成什么影响？对中国经济和社会福利造成什么影响？而这才是推进燃油税改革的关键所在。因此，本章将围绕这些问题进行研究，对于优化燃油税政策实现经济社会高质量发展具有重要价值。

表 4 - 1　　　　　　　　　　　中国燃油税改革历程

年份	主要内容
1994	正式提出开征燃油税动议；并在海南省进行燃油费试点，对汽油车收取每吨 1500 元，对柴油车实行养路费、过路费、过桥费、运输管理费四费合一收取的方式，每辆车 300 元
1995	正式启动燃油税改革
1997	《公路法》中明确表示拟从 1998 年 1 月 1 日起取消"公路养路费"并开始征收"燃油税附加费"等，但最终遭到否决
1999	《公路法》修正案获得通过，将"燃油税附加费"改为"燃油税"
2008	消费成品油须缴纳消费税，从量征收，每升无铅汽油征收 0.2 元，每升柴油征收 0.1 元
2009	燃油税政策正式出台，在先降低成品油价格的前提下，取消公路养路费、航道养护费、公路运输管理费、公路客货运附加费、水路运输管理费和水运客货运附加费 6 项收费，逐步有序取消政府还贷二级公路收费； 生产、委托加工和进口环节征收，将汽油消费税单位税额由每升 0.2 元提高到 1 元，柴油每升 0.1 元提高到 0.8 元； 其他成品油单位税额相应提高
2014	11 月 28 日汽油消费税由原来的 1 元/升提高到 1.12 元/升，柴油消费税由原来的 0.8 元/升提高到 0.94 元/升； 12 月 12 日汽油消费税由原来的 1.12 元/升提高到 1.4 元/升，柴油消费税由原来的 0.94 元/升提高到 1.1 元/升
2015	1 月 12 日汽油消费税上调至 1.52 元/升； 柴油、燃料油、航空煤油等燃油消费税上调至 1.2 元/升

　　在征收方式方面，《国务院关于实施成品油价格和税费改革的通知》（以下简称《通知》）中指出燃油税需要由国家税务局统一征收（进口环节委托海关代征），在生产环节（包括委托加工和进口环节）开征，并以从量定额的形式计征，价内征收。由此以来，在征收环节方面，本章燃油税在生产环节以价内税的形式征收，相当于生产税率，首先由生产者或进口商承担，然后通过生产者加价的形式将税负部分转移给其他用户。本书在设定冲击时采用定额征收方式，并通过模型相应模块转变为从价税，进而影响整个宏观经济系统。

　　在税率方面，由于本章燃油税政策研究的主要目的并不是为了探讨该燃油税政策本身在中国的可行性，而在于通过一系列外生冲击来研究我国现行燃油税收政策组合对经济、环境以及居民健康的潜在影响，因此，本章情景设计中不再区分汽油与柴油，汽油作为燃油的代表进行分析。由于一般均衡分析框架的基础数据是投入产出表，因此，本书以2010 年为例进行研究分析。考虑到我国汽油消费税由 2009 年 1 月 1 日起的每升 1 元上调到 2015 年 1 月起的每升 1.52 元，为模拟出我国应对能源环境挑战的现行燃油税政策效果，本书在现行燃油税政策情景中假设2010 年燃油税税率上调 0.52 元/升①。也就是说，基准情景是 2010 年燃油税税率 1 元/升，现行燃油税政策情景设置为 2010 年燃油税税率 1.52元/升。这两种情景并不是真实情况，只是为评估现行燃油税政策的影响。

　　在税收用途上，按照《通知》规定，新增税收收入具有专项用途，按照顺序依次用作满足公路养路费等"六费开支"、补助各地取消政府还贷二级公共收费、种粮农民增加补贴以及补助支持部分困难群体和公益性行业等。考虑到这类的转移支付均难以在模型中实现，而且本书的研究重点是探讨近几年来政府上调燃油税税率来应对能源环境挑战的效果，因此，为简便起见，本章宏观闭合方式为：政府的实际支出外生，政府

―――――――――――――――

　　①　假设汽油的密度 0.72 千克/升，那么，燃油税税率提高了 0.72 元/千克。

储蓄外生，所有的政府转移支付固定不变，税收归入政府的财政中。值得说明的是，2009 年 1 月 1 日起我国取消养路费，本书在以 2010 年真实数据作为基准情景的情况下，无须考虑"费改税"的政策效果。

综上所述，见表 4 - 2，现行燃油税政策的模拟情景分别从课税对象、税率及收入用途三个方面来描述。

表 4 - 2　　　　　　　　　现行燃油税政策的情景设置

情景	课税对象	从量税	税收用途
S0	生产与进口环节	上调 0.52 元/升	不存在任何形式返还

注：由于本书采用的投入产出表是 2010 年的，因此，本章以 2010 年为例，分析现行燃油税的政策效果。

4.2　不考虑居民健康影响产出时现行燃油税政策效果分析

本章采用第 3 章所构建的一般均衡分析框架，以 CGE 模型为核心，评估当前燃油税政策在宏观经济、居民健康、整体福利水平等方面的短期与长期影响，并重点判断了环境与经济协调发展的双重红利效应存在性问题。其中，在短期，资本与劳动要素难以根据外界环境冲击及时调整，故保持原有的基期水平；在长期，资本与劳动要素能够用充分的时间进行完全调整，以适应外界环境的变化。最后，为了突出居民健康质量对产出影响的反馈机制在能源税政策制定过程中的重要性，本节暂且不考虑居民健康对产出的影响，为后面一节考虑居民健康对产出影响下的研究结果提供对比依据。

4.2.1　宏观经济效应

表 4 - 3 显示了在不采取其他政策的情形下，现行燃油税政策情景中重要宏观经济变量相对于基期均衡状态的百分比变动率。假设在一味上调燃油税税率的同时，将所获税收纳入政府收入中，短期内实际 GDP 受损居民福利也会受到一定负面影响；长期而言，经过生产要素对燃油税征收的充分调整，冲击效果有所缓解。上调生产环节征收燃油税的税率，

加重燃油厂商（生产者）税收负担，直接带动燃油价格上升。由于燃油作为企业生产主要的中间投入品，对于大部分行业而言，生产经营负担加重，生产成本增加，抑制企业生产积极性，从而造成了企业生产供给侧的负面冲击。另外，短期内劳动与资本供给固定不变，中间投入品价格的上升产生了其与增加值要素投入的替代，资本需求与劳动需求增加使得资本回报率与工资水平都会上升，居民可支配收入增加；但受中间投入品价格上升，加之燃油作为居民生活消费的必需品，短期内消费者物价指数 CPI 上升，GDP 平减指数上涨。因此，居民可支配收入的增加被 CPI 的上升所抵消，造成居民实际购买力下降，实际消费减少，降低了整体居民福利水平。国内企业生产成本的上升使得国内生产的产品在国外变得更加昂贵，抑制出口。较小的国内居民实际购买力会降低其对国外产品的需求，从而进口也会出现下降。因此，从需求侧来看，燃油税的征收同样带来产出的负面冲击，如图 4-1 所示。

表 4-3　　不考虑居民健康影响产出时现行燃油税政策宏观经济效果　　单位:%

宏观经济变量	短期	长期
实际 GDP	-10.54	-3.90
居民福利水平[a]	-7458.87	-4100.21
平均工资水平	11.07	0
资本价格	16.47	4.53
就业	0	1.22
资本存量	0	-5.19
实际消费	-7.58	-4.13
实际出口	-12.81	-4.55
实际进口	-11.65	-4.24
GDP 平减指数	4.63	0.92
CPI	17.14	5.21
总税收	5.61	2.70
居民可支配收入	8.38	0.97

注:[a] 用 EV 衡量的水平值，单位：亿元。
资料来源：笔者计算所得。

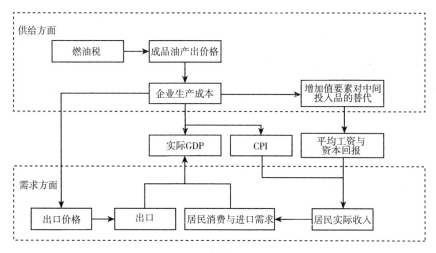

图 4 - 1　燃油税政策的宏观经济指标变化

随着时间的拉长，市场参与主体对燃油税政策变动作出反应，即长期而言，企业和消费者通过动态调整逐步适应了燃油税政策变动带来的影响，资本与劳动生产要素能够自由进入或退出市场。此时，平均工资水平将相对于短期而言有所下降，并随着投资的形成，资本存量增加，资本回报率相对而言有所下降。一旦企业降低生产成本，相关产品的产出价格会下滑，从而带动了整个经济系统 CPI 的下滑。而且，相关产品的产出价格下滑会刺激产品需求，如出口需求、居民消费需求等，也带动了其他中间投入品需求的增加，从而实际 GDP 损失有所减少。可以肯定的是，居民福利水平也会受益于长期要素的充分调整，受燃油税影响的居民福利损失有所降低。这表明，燃油税对经济增长所带来的负面冲击将会被长期中所调整的经济结构吸收掉。总之，随着时间的拉长，现行燃油税政策对宏观经济的损害在逐渐减弱，但双重红利效应是不存在的。

4.2.2　部门产出及价格效应

由表 4 -4 可知，在现行燃油税政策实施背景下，短期内各部门产品价格因生产成本的增加而上涨。其中，价格增幅最高的是燃油炼制业；

高度依赖燃油投入的交通运输业价格上涨十分明显，城市公共交通、道路运输业、其他购置交通、私人交通产品价格上涨幅度较大。短期内受名义工资的上涨，劳动密集型的服务业产出价格增幅也较为明显。随着时间的推移，经过生产结构的逐渐调整，各部门产出价格逐渐回落，增幅降低，但与初始状态相比，仍存在通货膨胀。

表4-4　　　　　不考虑居民健康影响经济时现行燃油税

政策对部门产出和价格影响　　　　单位：%

行业部门	短期		长期	
	产出	价格	产出	价格
农业	-11.30	16.42	-4.01	4.66
服务业	-7.62	18.03	-3.28	6.04
高耗能工业	-11.99	17.47	-4.29	5.51
其他工业	-12.49	16.40	-4.16	4.48
卫生	-4.31	15.86	-1.94	4.14
石油天然气开发	-15.36	17.20	-8.52	5.33
燃油炼制业	-15.14	23.15	-8.54	10.66
煤炭	-10.02	14.95	-2.42	3.32
电力	-10.64	15.92	-3.48	4.17
城市公共交通	-8.05	19.97	-4.11	7.79
道路运输业	-10.77	19.85	-3.95	7.69
其他购置交通	-12.06	22.65	-4.98	10.14
私人交通	-9.54	17.14	-6.17	5.18

资料来源：笔者计算所得。

受产出价格的影响，在现行燃油税政策影响下，首当其冲的是燃油，产出下降幅度较大；作为燃油炼制的上游部门，石油天然气开发业产出也会下降。同时，与燃油价格紧密相关的汽车及其零部件产业产出下滑，包括汽车零部件制造在内的其他工业部门产出损失最为严重。其次是农业，产出也会下降，这可能是因为上调燃油税使得中间投入品价格变得更加昂贵，使得劳动报酬变得相对便宜，大部分以燃油相关产品作为中间投入的企业倾向于雇佣更多的劳动力；而在短期内劳动市场总供给量是固定的，农业是劳动密集型产业，短期内其他部门名义工资的上升会使得农业部门遭受大量的劳动力流失，产出因而受损。在交通方面，损失最为严重的是耗能较高的其他购置交通；其次是私家车消费损失较为明显，这主要是受油价上升和 GDP 下滑的双重影响。但在居民日常出行需求一定的条件下，居民会更加倾向于公共交通出行方式。于是，城市公共交通产出降幅较低。可见，燃油税税率的上调确实会有效抑制私家车出行，相对鼓励公交出行，有助于绿色出行的推广。此外，道路运输业作为高度依赖燃油中间投入的部门，产出损失也较为明显；高耗能工业产出损失也较为明显。

长期中，资本与劳动要素能够充分调整，从而使得企业调整生产结构，增加劳动力与资本要素投入，增加值要素回报率减弱，从而产出损失有所减缓。但值得指出的是，受家庭收入增加的影响，私家车消费降幅也有所缓解，但缓解程度在所有生产部门中是最低的。这表明：尽管生产环节征收燃油税将税负转嫁给了所有的经济主体，但从长期来看，私人交通因燃油需求较为敏感以及调整产出结构的有限使得其产出恢复最慢。

4.2.3 节能减排效应

表 4 - 5 描述了当前燃油税政策的节能与减排效应。首先通过征收燃油税，一方面，缩减了原有粗放型经济增长规模；另一方面，通过能源金融领域中的价格杠杆调整市场行为，造成非能源品对能源品的替代。因此，短期内，节能效果是非常显著的，燃油消费下降幅度最大，下降 14.96%。其次是处于燃油生产上游端的原油（ - 14.58%），与燃油联系相对较弱的煤炭与电力消费分别下降 10.24% 和 10.64%。这主要归因于短期内产出规模的缩小。长期内，随着产业结构的优化，企业增加要素投入以替代部门能源品投入，加之各部门产出的回暖，各能源消耗需求

上升，从而节能效应相对不显著。

表4-5　不考虑居民健康影响经济时现行燃油税政策节能减排效应

污染物	短期	长期
石油天然气（%）	-14.58	-7.77
燃油（%）	-14.96	-8.36
煤炭（%）	-10.24	-2.67
电力（%）	-10.64	-3.47
$PM_{2.5}$排放量（%）	-10.60	-2.19
$PM_{10-2.5}$排放量（%）	-10.56	-2.77
$PM_{2.5}$浓度（$\mu g/m^3$）	-2.04	-0.56
$PM_{10-2.5}$浓度（$\mu g/m$）	-1.09	-0.29

资料来源：笔者计算所得。

由于化石能源消耗是大气污染排放的主要来源，受现行燃油税政策节能效应的影响，短期内保护环境的第一红利效果明显。与初始状态相比，短期 $PM_{2.5}$ 和 $PM_{10-2.5}$ 污染物排放量分别减少 10.60% 和 10.56%，相应的污染浓度分别减少 $2.04\mu g/m^3$ 和 $1.09\mu g/m^3$。但长期来看，因产出回暖致使整体减排效果减弱。

4.2.4　居民健康效应

众所周知，空气质量与居民健康密切相关。当上调燃油税税率时，与基准情景对比，居民健康质量得到显著改善。短期来看，挽救居民生命、心血管疾病住院、呼吸道疾病住院率、哮喘分别降低。由于过早死亡及工作损失天数的减少，劳动供给量增加；同时，居民可支配收入因健康医药支出的减少而增加。可见，现行燃油税政策有助于改善居民健康质量，在缓解目前中国 $PM_{2.5}$ 和 $PM_{10-2.5}$ 污染物排放对公众健康威胁方面发挥着非常重要的作用。

长期来看，居民健康质量改善效果并不显著。这主要受劳动与资本市场的充分调整以适应燃油税政策变化的影响，各产出规模呈现回暖态势，污染物的排放也会相对增加。但与初始状态相比，当前燃油税政策仍然会改善居民健康质量，健康医疗支出减少。如此一来，燃油税政策改善公众健康质量的效果可能在短期显著，长期受理性人行为调整的影响效果会下降。

4.3　考虑居民健康影响产出时现行燃油税政策效果分析

如前一节分析所得，燃油税政策通过价格手段调节能源消费行为，直接关系到居民身体健康质量，从而间接影响着劳动供给与健康医疗支出。那么，在考虑到这些健康损失（或收益）对产出的反馈影响情况下，现行燃油税政策对宏观经济系统的影响又会是怎么样的，本节对此问题进行深入研究。

见表 4 - 6，当考虑到居民健康质量对经济产出的影响时，短期内现行燃油税政策对经济增长的负面冲击将会减少。这主要归因于居民健康质量改善所带来的产出增加。具体而言，受过早死亡人数及工作损失天数的减少，劳动要素供给增加，促使企业倾向于采用劳动要素对其他中间投入品的替代；同时，居民健康医疗支出的减少有助于增加可支配收入，拉动市场消费需求。两者共同作用将燃油税上调所带来的负面冲击部分抵消，从而实际 GDP 下降。但与表 4 - 3 中不考虑居民健康反馈作用时相比，居民健康质量的改善拉动实际 GDP 增长 0.15 个百分点左右；此时，用 EV 衡量的居民福利水平值相对增进 775.52 亿元。可见，居民健康质量的改善在提高居民生活质量上起了很大作用。即便如此，现行燃油税政策有待于改进从而增进居民福利。

表 4 - 6　　考虑居民健康影响产出时现行燃油税政策宏观经济效果

宏观经济变量	短期	长期
实际 GDP（%）	- 10.39	- 3.83
居民福利水平（亿元）	- 6683.35	- 3868.64
实际消费（%）	- 6.78	- 3.89

资料来源：笔者计算所得。

长期来看，受企业调整生产活动带来的产出规模扩大影响，实际 GDP 的负面冲击减弱；同时，因节能减排效果的有限，居民健康质量对实际 GDP 的刺激效果将会减弱。实际上，本书尚未考虑我国未来人口红利消失的风险，将会低估健康质量对实际 GDP 的拉动作用。此外，值得指出的是，考虑到居民健康质量改善会引起医疗支出大幅下跌，基于所有商品消费量变化的视角衡量整体福利水平值可能会下降，但实际上居民生活质量是改进的。因此，本书 EV 衡量的福利水平值不考虑医疗消费的变动。

4.4 参数敏感性分析

一般而言，受数据可获性的限制，CGE 模型数据规模庞大，其中一部分很难采用经济计量学的方法对这些参数进行一一估计，往往会借鉴前人研究成果来直接采用。如此一来，数据的准确性是难以保证的，但这又关系到研究分析结果。因此，对关键参数进行敏感性分析，判断其变动对研究结果的影响，来分析研究结果的稳健性。鉴于燃油税政策通过影响能源价格从而产生能源品投入与增加值要素投入的替代，而生产函数中能源中间投入与增加值投入间的替代弹性大小直接关系到劳动资本要素对能源品（燃油、煤炭、电力、石油）替代的难易程度，因此，本节将针对现行燃油税政策，在考虑到居民健康对产出的反馈影响情况下，能源与增加值要素投入的替代弹性分别缩小 30% 与扩大 30%，对比分析各宏观经济变量的影响。

表 4 - 7 分析了短期与长期情形下能源与增加值要素投入替代弹性变化对各宏观经济变量的影响。从短期来看，由敏感性分析结果可以看出，在现行燃油税政策背景下，替代弹性提高使得能源品价格上升，增加值要素投入（资本与劳动）就会更加容易地替代能源品投入。那么，短期内在要素供给无法充分调整的条件下，增加值要素投入价格也会相对较高，从而经济生产成本将会加大，生产规模进一步缩小，相应的能源消

耗与排污量会随之降低，环境质量会相对提高。由前面分析可知，环境质量的提升势必会改善居民健康质量，反过来会刺激经济。因此，当考虑居民健康对产出的影响时，当替代弹性提高时，居民健康对产出的拉动作用就会越高，部分抵消了征税下经济成本加大的负面冲击，使实际GDP损失显著减少。此时，对于居民个体而言，健康质量的改善以及经济的相对增长会降低实际消费损失，整体福利水平损失均会显著减小。也就是说，替代弹性越高，短期内现行燃油税政策的节能减排效果就会越显著，经济损失就会越低。

表 4－7　　　　不同能源与增加值要素投入替代弹性下现行燃油税
政策宏观经济效果的模拟结果变化　　　　　单位:%

宏观经济变量	短期			长期		
	下降30%	不变	上升30%	下降30%	不变	上升30%
实际 GDP	－10.45	－10.41	－10.33	－3.83	－3.82	－3.82
居民福利水平	－6.51	－6.46	－6.41	－3.79	－3.76	－3.74
平均工资水平	11.41	11.33	11.18	0.00	0.00	0.00
资本价格	16.84	16.72	16.58	4.52	4.53	4.54
资本存量	0.00	0.00	0.00	－5.01	－5.11	－5.14
实际消费	－6.71	－6.66	－6.60	－3.88	－3.84	－3.83
实际出口	－11.80	－12.76	－12.72	－4.44	－4.49	－4.55
实际进口	－11.60	－11.62	－11.59	－4.10	－4.16	－4.23
GDP 平减指数	5.07	5.05	5.01	0.99	1.00	1.01
CPI	17.51	17.44	17.28	5.20	5.21	5.23
总税收	5.98	5.92	5.80	2.82	2.77	2.69
居民可支配收入	8.63	8.58	8.47	0.97	0.98	0.97

资料来源：笔者计算所得。

长期来看，要素市场能够充分调节以适应政策冲击，从而通过增加值投入的增加来缓解企业因燃油税所带来生产成本加大的压力，增加利润。与短期相比，经济生产规模会相对扩大。当替代弹性提高时，上调燃油税税率使得增加值要素投入（资本与劳动）就会更加容易地替代能源品投入。那么，增加值要素投入就会进一步增加，能源品投入会相应地被代替更多，环境质量会相对改善很多。因此，居民健康质量的改善会进一步刺激产出，最终实际 GDP 损失与居民福利水平损失仍会降低。换句话说，当考虑到居民健康对经济产出的影响时，长期来看，替代弹性越高，现行燃油税政策的经济损失会越低。

4.5 本章小结

为了应对目前我国工业化进程中经济与环境的双重损失，政府上调燃油税税率以推进燃油税改革进程。对此，本章运用一般均衡分析框架研究分析了现行燃油税政策措施对经济、能源、环境、健康质量及居民福利等的影响，对其能否实现双重红利效应进行判断，这对燃油税政策的优化与改进提供了具有参考价值的现实基础。

研究发现：第一，现行燃油税政策提升空气质量，有助于改善居民健康质量，实现了第一红利效应。第二，在经济产出上，尽管居民健康质量的提升会刺激经济产出，但尚未全部抵消征税所带来的负面冲击，经济产出最终仍呈负向增长，同时实际消费降低，也损害了居民整体福利水平。第三，在价格水平上，上调燃油税税率会助推物价上涨，不利于国内通货膨胀的控制。第四，在部门产出上，汽车制造业受燃油税征收的负面影响最大；交通方式趋于绿色化，有利于城市公共交通的推广。第五，若从长期来看，随着要素市场调整与企业调整生产行为，经济损失会有所缓解，但空气质量与居民健康质量提升效应会减弱。

因此，从能源税政策手段的双重红利效应来看，短期内现行燃油税政策有助于保护环境，具有显著的节能减排效果，实现第一红利效应，但无法实现不损害经济增长的第二红利效应；长期来看，现行燃油税政策的第一红利效应也会随之降低，第二红利效应仍是难以保证实现的。总之，现行燃油税政策无法实现"双重红利"效应，在解决经济发展与环境保护的冲突上发挥着较弱的作用。因此，作为燃油的主要能源金融手段，现行燃油税政策亟须改进，以期实现经济与环境的协调发展。那么，有关能源税政策"双重红利"效应存在性的深入探讨是优化我国现行燃油税政策的前提，对于实现经济与环境的协调可持续发展目标而言越发显得重要。

第 5 章
能源税双重红利效应存在性的理论研究

尽管我国现行燃油税政策有助于节能减排，改善居民健康质量，但对经济产出与居民福利水平带来了负面冲击，难以保证实现"双重红利"效应。然而，我国老龄化速度加快，面临着经济增速放缓、人均收入难以提高的"中等收入陷阱"风险，发展仍是第一要务。况且，当环境污染、健康、收入与经济彼此交互、相互影响时，我国面临着陷入甚至被锁定在"环境—健康—贫困"的巨大风险：污染损害健康—诱发疾病—损害劳动能力—加重经济负担并减少就业与劳动收入—陷入贫困—更加依赖能源资源—环境更为恶化—加重健康损害—更加贫困……从而陷入这一恶性循环，加剧"中等收入陷阱"的风险（祁毓和卢洪友，2015）。因此，为了跨越"环境—健康—贫困"陷阱，"既要金山银山，也要绿水青山"，处理好环境、经济与健康之间的关系是当前中国经济转型过程中无法回避、亟待解决的关键问题之一。

鉴于污染的社会负外部性，能源金融领域的能源税制度已逐渐成为世界各国治理环境污染的重要手段。然而，征收能源税同时也可能会增加经济成本、削弱企业和产业的国际竞争力、减少经济产出，从而损害经济增长。[1] 当下，我国能源税征收已成既定事实，但收入用途却一直模

---

[1] 李钢等（2012）研究发现，倘若中国提升环境管制强度，工业废弃物排放完全达到现行法律标准，将会使经济增长率下降约一个百分点，制造业部门就业量下降约1.8%，出口量减少约1.7%。

糊不清。以燃油税为例,我国于 2009 年开征燃油税,《通知》指出,我国燃油税收入按照顺序依次分配给公路养路费、航道养护费、公路运输管理费、公路客货运附加费、水路运输管理费、水运客货运附加费六项开支,补助各地取消政府还贷二级公路收费,补贴农民种粮以及公益活动等。然而,根据我国财政部公布的 2014 年中央对地方税收返还和转移支付决算表显示,中央对地方转移支付中的成品油税费改革转移支付 740 亿元,中央对地方税收返还中的成品油税费改革税收返还 1531 亿元。也就是说,与燃油税费改革相关的中央对地方的转移支付与税收返还共计 2271 亿元。在既定的能源税税率情况下,基于环境、健康与经济的视角,研究能源税收入分配问题,从而在不损害经济或尽量降低经济产出损失的前提下,改善环境质量,跨越"环境—健康—贫困"陷阱,考察能源金融政策"双重红利"效应存在性,这是当前我国转变经济增长方式、实现经济转型过程中亟待解决的重大研究课题之一。

正如本书第 2 章所总结的,大多数现有研究(Torres,2009;范庆泉等,2015)在给定的能源税税率条件下,将能源税收入以降低企业或个人所得税的形式返还给生产者或消费者,试图减少甚至抵消能源税所造成的扭曲、降低经济负担。然而,作为连接环境、经济与贫困之间关系的重要渠道——健康,却并没有得到应有的关注。事实上,由于环境污染的负外部性,环境质量与公众健康息息相关,而健康又是一种个人经济生产能力,直接影响个体经济产出和福利水平。[①] 也就是说,环境污染对健康的影响还会进一步传递到劳动力产出、社会经济福利、减贫政策

---

① 这种做法与实际情况较为吻合。根据 WHO(2008)研究,在高收入国家中有 56% 遭受污染健康危害的居民是年龄在 19~59 岁的工作人群;戴维斯等(Davis et al.,2005)研究表明,2003 年美国 1480 万工人中有 550 万人(年龄 19~64 岁)因自身或家属生病而不能集中精力工作。据迪沃尔等(Devol et al.,2007)估算,每年美国七大慢性疾病造成了超过 11000 亿美元的劳动生产率损失。因此,环境污染对劳动生产率的影响是不可忽略的。齐文和奈德尔(Zivin & Neidell,2012)研究发现,美国臭氧浓度每降低 10ppm,工人生产率提高 5.5%,这意味着环境保护并不简单地加重生产者的负担,同时更是人力资本的投资及促进经济增长的工具。刘等(Liu et al.,2008)发现,中国居民家庭收入受其成员健康质量的高度影响,揭示了健康质量在生产过程中扮演着人力资本的角色。

效果等。鉴于我国"环境—健康—贫困"陷阱风险的存在，非常有必要考虑环境、健康与贫困之间的恶性循环关系。为了充分发挥能源税的逆向约束与正向激励作用，将能源税收入用于补贴减排活动以提高居民健康水平[①]并减少贫困无论在理论上还是在政策实践中，都是非常重要的关键问题之一，然而在以往研究中却没有得到应有的重视。那么，在既定能源税税率条件下，政府作为能源税征收的主体，应如何在居民收入和减排补贴之间配置税收收入，以实现经济损失最小化？政府抉择问题反映政府财政支出问题，这无论在理论还是实证上均是目前亟须探讨的问题。

为此，本章在世代交叠（overlapping generations，OLG）模型（Diamond，1965）的理论基础上，考虑了环境污染对劳动生产率的负面影响，将环境质量和健康存量作为内生要素引入生产函数，构建两期世代交叠理论模型，系统分析能源税、能源消耗、环境污染及健康质量影响长期经济增长的内在机制；在给定能源税税率的情形下，当经济达到稳态均衡时，社会总产出水平是关于能源税收入对居民收入补贴比例的函数。此时政府可以设定居民收入与企业减排活动之间的最优分配比例，以实现经济产出损失或社会福利损失最小化。与已有文献相比，本章的研究在于：首先，基于"环境—健康—贫困"陷阱的视角，将能源税收入在居民收入与污染减排活动之间的分配结合起来，借此讨论政府最优能源税收入分配问题，以及最大化稳态均衡下的终身福利与人均产出；其次，建立了一个理论模型，对是否存在能源税收入的最优分配这一关键理论问题进行了学理讨论；最后，提出了如何有效突破或规避"环境—健康—贫困"陷阱风险的政策启示，以期对经济、环境和公共健康协调发展的相关能源税政策制定提供一个新的视角。

接下来，本章在内含健康影响劳动生产率的 OLG 模型构建基础上，首先，求解该模型的一般均衡，并从理论上讨论能源税收入在居民收入

---

① 李凯杰（2014）理论研究发现，环境支出是改善环境的有效途径，同时也会通过健康途径影响经济增长；经验检验也再次证实政府环境支出的增加会显著地推动经济增长。

与减排补贴之间的最优分配比例，以分别实现人均产出最大化与居民福利最大化。其次，结合中国实际数据，定量化探索中国最优能源税收入分配政策，并对经济参数进行敏感性分析。最后，总结本章。

5.1　能源税政策影响居民健康及产出的理论模型

基于 OLG 模型，假设每一代人分为青年和老年两个群体，随着时间的推移，当原来的青年群体进入老年阶段时，原来的老年人群将会逝去，而新的一代青年人也会出生；因此，任何时间点上都会同时存在这两个不同年龄层次的人群。在成年时期，社会成员拥有一单位的劳动要素禀赋，并会无弹性地提供给要素市场。为简化问题，人口无性别之分，每个人都会生育一个孩子。因此，经济中不存在净人口增长，在 t（$t=1$，2，$\cdots$，T，$T \to \infty$）时期出生的人口总量是常数 L。

5.1.1　消费模块

在两个时期 OLG 模型中，对于出生在第 t 时期的成年人，可以从事生产工作；在第"$t+1$"时期将会变成老年人，养老退休。于是，每一代人的终身效用函数描述为：

$$U_t = \ln c_{1t} + \rho \ln c_{2t+1} \qquad (5-1)$$

其中，c_{1t} 和 c_{2t+1} 分别为第 t 期成年人和第"$t+1$"期老年人的消费量，也就是代表性个体在工作时期和退休时期的消费量；ρ 为主观折现率，$\rho \in (0, 1]$，参数值越大，意味着代表性个人的终身消费越平滑，消费更加趋于理性。个体在成年时期的总收入有两种来源：一种是通过无弹性地提供一单位的劳动要素获取工资收入 w_t；另一种是政府将一部分能源税收入以居民转移支付的形式返还给居民 I_t。进而，个体在成年期将所获收入用于满足当期消费 c_{1t} 和储蓄 s_t，在老年时期将前一期的储蓄全部用于满足当期的消费需求 c_{2t+1}。为简便起见，假设个体是非利他的，各代际之间互不关心，不存在遗产赠与情况。因此，每一代人在成年期和老年期的消费预算约束分别为：

$$c_{1t} + s_t = w_t + I_t \qquad (5-2)$$

$$c_{2t+1} = (1 + r_{t+1})s_t \qquad (5-3)$$

其中，r_{t+1}为第 $t+1$ 期的利率。

因此，代表性个体终身效用最大化的消费决策问题表示为：

$$\max_{c_{1t},c_{2t+1}} (\ln c_{1t} + \rho \ln c_{2t+1})$$
$$s.t. \begin{cases} c_{1t} + s_t = w_t + I_t \\ c_{2t+1} = (1 + r_{t+1})s_t \end{cases} \qquad (5-4)$$

通过一阶条件，可求出个体最优的储蓄决策为：

$$s_t = \delta(w_t + I_t) \qquad (5-5)$$

其中，$\delta = \rho/(1+\rho)$，私人储蓄率 δ 是主观折现率 ρ 的增函数。即，主观折现率越高，代表个人在成年时期的储蓄率就越高，跨期消费就会越平滑。

5.1.2 生产模块

为了系统分析环境污染、健康与经济之间的内在关系，本模块在传统经济增长理论中引入了健康资本，使其成为企业生产投入的要素，暂不考虑人力资本等其他方面（如教育）对产出的影响。根据效率工资理论，健康状况好的劳动力具有高的工作效率，而工作效率高意味着单位时间内产出多。由此，健康状况的好坏将直接影响到劳动效率或产出。通过建立健康与劳动生产率之间的联系，把健康与产出联系起来。[1] 即，环境污染损害居民健康，降低劳动生产率，进而成为加重贫困的重要渠道。因此，假设最终产出以标准 Cobb-Douglas 技术由资本要素和有效率

---

[1] 保吹尔（Pautrel，2009）基于环境污染影响劳动生产率的视角，构建理论模型研究发现，环境税税率与终身福利、产出分别呈倒"U"型关系，但尚未讨论税收收入再利用以实现"双重红利"的问题。

的劳动要素 $h_t^\varepsilon L_t$ 投入进行生产，即：

$$Y_t = AK_t^\alpha (h_t^\varepsilon L_t)^{1-\alpha}, 0 < \alpha < 1, \varepsilon \geqslant 0, A > 0 \qquad (5-6)$$

其中，A 是常数形式的全要素生产率；α 表示资本投入在生产过程中总投入的份额，即资本的产出弹性；ε 表示健康质量对劳动力质量的影响系数。为简化问题，假定人口增长为常数，且标准化为 1（即，$L = 1$），人均产出就是总产出。那么，人均产出可以表示为人均资本与人均健康质量的函数，即：

$$y_t = Ak_t^\alpha (h_t^\varepsilon)^{1-\alpha} \qquad (5-7)$$

在完全竞争市场环境中，代表性企业根据产出的多少缴纳能源税，[①] 税率 $\tau \in (0, 1]$。其利润最大化的目标为 $\pi_t = (1-\tau)y_t - (1+r_t)k_t - w_t$，从而单位有效劳动工资 w_t 和资本收益率 r_t 分别为：

$$w_t = A(1-\tau)(1-\alpha)k_t^\alpha (h_t^\varepsilon)^{1-\alpha} = (1-\tau)(1-\alpha)y_t \qquad (5-8)$$

$$1 + r_t = A(1-\tau)\alpha k_t^{\alpha-1} (h_t^\varepsilon)^{1-\alpha} = (1-\tau)\alpha y_t / k_t \qquad (5-9)$$

由此可知，征收能源税将会加重企业经济负担，间接扭曲居民收入，使得居民劳动收入缩减至原来的 $1-\tau$ 倍。税率 τ 越高，居民收入扭曲越大。

5.1.3　政府模块

环境污染负外部性使得污染治理投资成为重中之重。加之上面所提到的税收扭曲，为了保持税收中性原则，假定将一部分能源税收入用于治理环境污染 D_t，补贴企业减排活动；剩余的税收用于居民转移支付 I_t，减少原有税制的扭曲。在政府财政收支平衡的假设下，不考虑其他税收收入的情况下，政府收入来自能源税的征收，即：

---

① 实际中，能源税的征收是按照能源消耗量来征收。为简便起见，本书借鉴保吹尔（2012）有关环境税征收的做法，假设能源税的征收直接与产出多少相关，节能减排技术的进步在此处不予以考虑。

$$\tau y_t = D_t + I_t \tag{5-10}$$

令能源税收入中用于居民转移支付的比例为 $\beta \in [0,1]$，那么，提高居民转移支付的比例就意味着减排活动的投入比例相对减少，两者存在此消彼长的关系。因此可得：

$$D_t = (1-\beta)\tau y_t \tag{5-11}$$

$$I_t = \beta \tau y_t \tag{5-12}$$

5.1.4　环境健康模块

为简化研究，假定产品生产过程中只生产一种产品，消耗一种能源，排放一种污染物；本书暂不考虑消费过程排出的污染物。假设第 t 期人均污染排放量 E_t 是人均产出水平 y_t 的函数，[①] 即：

$$E_t = zy_t \tag{5-13}$$

其中，z 代表污染强度，即单位产出的污染物排放量。

在本模型中，第 $t+1$ 期人均污染存量 P_{t+1} 主要受三个方面的影响：一是当期人均污染物排放量 E_{t+1}，污染物排放越多，污染存量就越多；二是环境再生速度，即环境的自净率 μ 越大，污染存量越小；三是人类的环境保护，人类社会系统可以通过对环境保护的投入来改善环境，人均环境治理投入 D_{t+1} 越高，污染存量越小。因此，借鉴保吹尔（2012）的做法，假设人均污染存量函数是零次齐次的，如下：

$$P_{t+1} = [E_{t+1}/D_{t+1}]^{\gamma} + (1-\mu)P_t \tag{5-14}$$

这里，$\gamma > 0$，代表着污染排放与减排比率（E/D）对污染存量的外生弹性，在给定的排污流量条件下，弹性值越小，减排活动对环境质量的影响效果就越明显；$\mu \in (0,1)$ 为环境自净率。将式（6-11）、式

---

① 本书中污染排放表现为流量，环境质量是存量，污染函数为环境质量的变化率。为简便起见，这里不考虑能源使用和排污等方面的技术进步，假设污染强度系数和能源强度系数均为常数。

（6－13）代入式（6－14）中，可进一步约化污染存量不受产出活动影响的模型[①]，如下：

$$P_{t+1} = \{z/[(1-\beta)\tau]\}^{\gamma} + (1-\mu)P_t \qquad (5-15)$$

如前所述，环境污染对公众健康危害巨大。因此，本书第 t 时期的人均健康状态 h_t 与人均污染存量 P_t 负相关。在人力资本理论中，健康水平是投资的结果，健康投入是人们为了获得良好的健康而消费的食物、衣物、健身时间和医疗服务等资源（加里·S. 贝克尔，1987）。因此，借鉴保吹尔（2009）的做法，公众健康状态还受健康投资 $\theta > 0$ 的正面影响[②]，如下：

$$h_t = \eta\theta/(\xi P_t^{\varphi}) \qquad (5-16)$$

其中，$\eta > 0$ 为健康服务的效率；$\xi > 0$ 为系数；φ 为污染对公众健康的影响系数，φ 值越大，意味着环境污染对居民健康的危害越严重。为了保证污染对健康的负效应，假设污染存量 $P > 1$。

5.2　双重红利效应存在性的稳态均衡分析

为了简化分析，假定资本在当期全部折旧，[③] 每期资本存量由前一期储蓄所决定。于是，在资本市场出清的条件下，可以得到社会人均资本的动态过程：

$$k_{t+1} = s_t = \delta(w_t + \beta\tau y_t) = \delta[(1-\alpha)(1-\tau) + \beta\tau]y_t \qquad (5-17)$$

由此可见，能源税的征收会扭曲居民收入，降低储蓄，进而影响资

---

① 基于模型设置，环境质量变化不受产出活动的影响，更有利于接下来经济稳态条件的研究。环境质量函数若采用线性形式，如约翰和皮晨诺（John & Pecchenino，1994），为确保 $P_t = E_t - D_t = [z-\tau(1-\beta)]y_t > 0$，则必须存在假设 $z > \tau(1-\beta)$，这在模型计算方面很难操作；且环境质量 $E_t - D_t$ 在经济平衡增长路径中是发散的。

② 健康投资不属于本书研究的重点，故为简化模型，θ 设为常数。

③ 假设资本折旧率为 10% 时，有 96% 的资本存量在 30 年内完全折旧，而模型中个体由成年过渡到老年，大约需要 30 年，即 30 年为一期。因此，假设资本存量在当期完全折旧。

本积累及经济稳态增长。经过充分长时间的市场波动与调整，经济最终将收敛到其稳态均衡点上。那么，在稳态均衡时，人均资本、公众健康水平、污染存量、人均产出以及工资率分别达到均衡点 k^*、h^*、P^*、y^* 和 w^*。[①] 此时，人均污染存量是常数，令 $P_t = P_{t+1} = P^*$，代入式（5 - 15）中，得出稳态条件下的污染存量为：

$$P^* = P(\beta) \equiv \frac{1}{\mu} \left[\frac{z}{(1-\beta)\tau} \right]^\gamma \qquad (5-18)$$

显然，污染存量与能源税税率成负相关关系。也就是说，能源税政策通过价格机制调节市场行为，征税越严格，污染存量越小，环境质量越高。因此，征收能源税能够实现保护环境的"第一红利"效应，能源税最优分配问题更多地集中在经济产出效应的讨论上，详见下文的命题1。

由式（5 - 16）和式（5 - 18）可得出稳态均衡条件下的健康水平为：

$$h^* = H(\beta) \equiv \eta\theta\mu^\varphi\xi^{-1} \left[(1-\beta)\tau z^{-1} \right]^{\varphi\gamma} \qquad (5-19)$$

可以看出，公众健康质量与减排投入正相关，减排投入越多，污染存量就越小，健康水平就会越高；公众健康与排污强度负相关，生产过程中单位产出排放污染物越多，污染存量就越大，健康质量会越恶化。

将式（5 - 7）代入式（5 - 17）中，令 $k_t = k_{t+1} = k^*$，可求出稳态下人均资本存量为：

$$k^* = k(\beta) \equiv \left\{ A\delta\left[(1-\alpha)(1-\tau) + \beta\tau \right] \right\}^{\frac{1}{1-\alpha}} (h^*)^\varepsilon \qquad (5-20)$$

进而，工资回报率、人均产出在稳态条件下的均衡点分别为：

$$w^* = w(\beta) \equiv \Phi(1-\alpha)(1-\tau) \left[(1-\alpha)(1-\tau) + \beta\tau \right]^{\frac{\alpha}{1-\alpha}} (1-\beta)^{\varphi\gamma\varepsilon} \qquad (5-21)$$

$$y^* = y(\beta) \equiv \Phi \left[(1-\alpha)(1-\tau) + \beta\tau \right]^{\frac{\alpha}{1-\alpha}} (1-\beta)^{\varphi\gamma\varepsilon} \qquad (5-22)$$

---

① 篇幅所限，求解过程详见本书附录二。

其中，$\Phi = A^{\frac{1}{1-\alpha}} \delta^{\frac{\alpha}{1-\alpha}} (\eta\theta\mu^{\varphi}/\xi)^{\varepsilon} [\tau/z]^{\varphi\gamma\varepsilon}$。

最后，联立式（5-1）至式（5-3）、式（5-5）、式（5-19）至式（5-22），居民终身福利存在如下稳态均衡点：

$$U^* = \ln(1-\delta)\Phi^{\frac{1}{1-\delta}}[\alpha(1-\tau)]^{\frac{\delta}{1-\delta}} + \ln Z(\beta) \qquad (5-23)$$

其中，$Z(\beta) = [(1-\alpha)(1-\tau) + \beta\tau]^{\frac{\alpha}{(1-\alpha)(1-\delta)}+1}(1-\beta)^{\frac{\varphi\gamma\varepsilon}{1-\delta}}$。

因此，根据式（5-22）和式（5-23），可得出在稳态均衡条件下为实现人均产出最大化和居民福利最大化的能源税收入最优分配机制如下。

命题 1：若能源税收入用于补贴居民的比例低于 $\hat{\beta}$ 时，补贴居民的比例越高，人均产出水平就越高；反之亦然。当人均产出最大化时，征收能源税的经济损失将减少至最低值，从而实现了经济增长与环境保护的"双重红利"效应。

$$\hat{\beta} = \begin{cases} \dfrac{\dfrac{\alpha}{1-\alpha} - \varphi\gamma\varepsilon(1-\alpha)\left(\dfrac{1}{\tau}-1\right)}{\dfrac{\alpha}{1-\alpha} + \varphi\gamma\varepsilon} & \text{当 } T_y < \tau \leq 1 \\[2em] 0 & \text{当 } 0 < \tau \leq T_y \end{cases} \qquad (5-24)$$

其中，临界值 $T_y = \varphi\gamma\varepsilon(1-\alpha)^2/[\alpha + \varphi\gamma\varepsilon(1-\alpha)^2]$。

证明：通过对式（5-22）求偏导，有：

$$\partial y^*/\partial\beta = y^*\left\{\frac{\alpha\tau}{(1-\alpha)[(1-\alpha)(1-\tau)+\beta\tau]} - \frac{\varphi\gamma\varepsilon}{1-\beta}\right\}。$$

那么，如果存在 $\Omega(\beta) = \dfrac{\alpha\tau}{(1-\alpha)[(1-\alpha)(1-\tau)+\beta\tau]} - \dfrac{\varphi\gamma\varepsilon}{1-\beta} > 0$ 时，$\partial y^*/\partial\beta$ 的符号是正号。也就是说，其充分条件是：$\Omega(\beta)$ 是 $\beta \in [0,1)$ 的单调减函数，且 $\lim\limits_{\beta\to1}\Omega(\beta) = -\infty$，$\lim\limits_{\beta\to0}\Omega(\beta) = \alpha\tau/[(1-\alpha)^2(1-\tau)] - \varphi\gamma\varepsilon > 0$，即，$\varphi\gamma\varepsilon(1-\alpha)^2/[\alpha + \varphi\gamma\varepsilon(1-\alpha)^2] < \tau \leq 1$。在此条件下，存在最优解 $\hat{\beta}$ 使得稳态人均产出 y^* 最大化，即 $\Omega(\beta) = 0$，整理得出 $\hat{\beta} = \{[\alpha/(1-\alpha)] - \varphi\gamma\varepsilon(1-\alpha)(\tau^{-1}-1)\}/\{[\alpha/(1-\alpha)] + \varphi\gamma\varepsilon\}$。当 $\beta < \hat{\beta}$，$\partial y^*/\partial\beta > 0$；当 $\beta > \hat{\beta}$ 时，$\partial y^*/\partial\beta < 0$。反之，当 $\lim\limits_{\beta\to0}\Omega(\beta) \leq 0$ 时，即，0

$< \tau \leqslant \varphi\gamma\varepsilon(1-\alpha)^2/[\alpha+\varphi\gamma\varepsilon(1-\alpha)^2]$，那么，最优解 $\hat{\beta}=0$。当 $\varphi=0$ 时，$\Omega(\beta)>0$，$\partial y^*/\partial\beta>0$，则最优解 $\hat{\beta}=1$。

命题 1 的含义：能源税收入分配既有可能推动经济增长，也有可能阻碍经济增长，这取决于能源税税率、污染对健康的危害、健康对劳动生产率的影响等参数的综合效应。实际上，能源税收入的再利用通过两种途径作用于人均产出：一方面，由能源税收入补贴的减排活动有助于改善公众健康，提高劳动力质量，从而提升产出水平，即式（5-22）中 $(1-\beta)^{\varphi\gamma\varepsilon}$；另一方面，通过增加居民转移支付，原有征税所带来的居民收入扭曲将会被部分抵消，从而居民储蓄以及资本存量将会进一步增加，即式（5-22）中 $[(1-\alpha)(1-\tau)+\beta\tau]^{\frac{\alpha}{1-\alpha}}$。也就是说，若增加一单位居民收入补贴带来税收扭曲减少对经济增长的正面效应大于所增加一单位减排补贴带来健康质量改善对经济增长的正面影响，此时，提高能源税收入对居民收入的补贴比例会促进经济增长；反之，它会阻碍经济增长。据此，将 $\hat{\beta}$ 的能源税收入用于补贴给居民，剩余的 $1-\hat{\beta}$ 用于补贴减排活动，能够实现稳态均衡条件下的人均产出最大化，此时，经济产出的损失也是最小的。

当 $\varphi=0$ 时，即忽略环境污染对公众健康的危害时，劳动生产率也不会受到减排活动投资的影响，即，y^* 独立于 $(1-\beta)\tau$。此时，所有征收的能源税收入应全部补贴给居民。然而，环境污染威胁公众健康已成为学界公认的事实。为改善居民健康质量，推动人均产出的增长，将能源税收入分配给减排活动就显得日益重要且急迫。

命题 2：若能源税收入作为居民转移支付的比例低于 $\hat{\beta}_U$ 时，居民转移支付的比例越高，居民终身福利水平就越高；反之亦然。

$$\hat{\beta}_U = \begin{cases} \dfrac{\dfrac{\alpha}{1-\alpha}+1-\delta-\varphi\gamma\varepsilon(1-\alpha)\left(\dfrac{1}{\tau}-1\right)}{\dfrac{\alpha}{1-\alpha}+\varphi\gamma\varepsilon+1-\delta} & \text{当 } T_U < \tau \leqslant 1 \\ 0 & \text{当 } 0 < \tau \leqslant T_U \end{cases}$$

$$(5-25)$$

其中，临界值 $T_U = \varphi\gamma\varepsilon(1-\alpha)^2/[\delta\alpha+1-\delta+\varphi\gamma\varepsilon(1-\alpha)^2]$。

证明：对式（5-23）求偏导，得到：

$$\frac{\partial U^*}{\partial\beta} = \frac{\tau(1+\alpha\delta-\delta)}{[(1-\alpha)(1-\tau)+\beta\tau](1-\alpha)(1-\delta)} - \frac{\varphi\gamma\varepsilon}{(1-\delta)(1-\beta)}。$$

令 $\Gamma(\beta)=\partial U^*/\partial\beta$，那么，$\Gamma(\beta)$ 是关于 $\beta\in[0,1)$ 的单调减函数，且 $\lim\limits_{\beta\to1}\Gamma(\beta)=-\infty$，$\lim\limits_{\beta\to0}\Gamma(\beta)=\tau(1+\alpha\delta-\delta)/[(1-\alpha)^2(1-\delta)(1-\tau)]-\varphi\gamma\varepsilon/(1-\delta)$。因此，当且仅当 $\lim\limits_{\beta\to0}\Gamma(\beta)>0$ 时，存在一个 $\hat{\beta}_U$ 值使得 $\Gamma(\beta)=\partial U^*/\partial\beta=0$，即 $U^*(\beta)$ 是关于 $\beta\in[0,1)$ 的倒 "U" 型函数，稳态条件下存在居民终身福利水平最大化。也就是说，当 $\varphi\gamma\varepsilon(1-\alpha)^2/[\delta\alpha+1-\delta+\varphi\gamma\varepsilon(1-\alpha)^2]<\tau\leqslant1$ 时，$\hat{\beta}_U=\left[\dfrac{\alpha}{1-\alpha}+1-\delta-\varphi\gamma\varepsilon(1-\alpha)\left(\dfrac{1}{\tau}-1\right)\right]/\left(\dfrac{\alpha}{1-\alpha}+\varphi\gamma\varepsilon+1-\delta\right)$。当 $\beta<\hat{\beta}_U$，$\partial U^*/\partial\beta>0$；当 $\beta>\hat{\beta}_U$ 时，$\partial U^*/\partial\beta<0$。当 $\lim\limits_{\beta\to0}\Gamma(\beta)\leqslant0$ 时，即 $0<\tau\leqslant\varphi\gamma\varepsilon(1-\alpha)^2/[\delta\alpha+1-\delta+\varphi\gamma\varepsilon(1-\alpha)^2]$，$\Gamma(\beta)$ 在 $\beta\in[0,1)$ 区间内是恒小于等于0，于是 $U^*(\beta)$ 是关于 $\beta\in[0,1)$ 的单调递减函数，当 $\hat{\beta}_U=0$ 时，$U^*(\beta)$ 取其最大值。

命题2的含义：能源税收入的分配既可能提高居民福利水平，也可能会损害居民福利，这取决于居民未来期消费的主观贴现率、能源税税率、污染对健康的危害、健康对劳动生产率的影响以及资本产出弹性等参数的综合影响。从理论上讲，能源税收入分配政策对居民福利水平的作用可分解为产出效应和收入效应两部分：一方面，减排活动的补贴有助于改善公众健康，提高劳动生产率，促进产出，从而增加居民劳动收入，即式（5-23）中 $(1-\beta)^{\frac{\varphi\gamma\varepsilon}{1-\delta}}$；另一方面，居民转移支付的增加使得原有征税所带来的居民收入扭曲被部分抵消，也会增加居民收入，即式（5-23）中 $[(1-\alpha)(1-\tau)+\beta\tau]^{\frac{\alpha}{(1-\alpha)(1-\delta)}+1}$。换言之，若增加一单位居民收入补贴所抵消的税收扭曲对居民收入的正面效应大于同等减排补贴所增加的产出对居民收入的正面影响，此时，提高能源税收入补贴居民收入的比例会有利于福利水平的提高；反之，居民收入补贴的增加降低福利水平。

在不考虑环境污染危害健康的情况下，即 $\varphi = 0$ 时，U^* 独立于 $(1 - \beta)\tau$。此时，不存在减排活动对居民福利水平的正向影响，所有征收的能源税收入应全部返还给居民，以实现居民福利最大化。这与命题 1 所得出的结论类似。环境污染已影响到居民日常生活质量。我国应加大能源税收入对节能减排活动的补贴力度。

推论 1：由命题 1 和命题 2 可推出，（1）当 $0 < \tau \leqslant \mathrm{T}_U$ 时，那么，$\hat{\beta} = \hat{\beta}_U = 0$。此时，当 $0 < \beta < 1$ 时，$\partial y^*/\partial \beta < 0$，$\partial U^*/\partial \beta < 0$。（2）当 $\mathrm{T}_U < \tau \leqslant \mathrm{T}_y$ 时，那么，$\hat{\beta}_U > \hat{\beta} = 0$。此时，当 $0 < \beta < \hat{\beta}_U$ 时，$\partial y^*/\partial \beta < 0$，$\partial U^*/\partial \beta > 0$；当 $\hat{\beta}_U < \beta < 1$ 时，$\partial y^*/\partial \beta < 0$，$\partial U^*/\partial \beta < 0$。（3）当 $\mathrm{T}_y < \tau \leqslant 1$ 时，$\hat{\beta}_U > \hat{\beta} > 0$。此时，当 $0 < \beta < \hat{\beta}$ 时，$\partial y^*/\partial \beta > 0$，$\partial U^*/\partial \beta > 0$；当 $\hat{\beta} < \beta < \hat{\beta}_U$ 时，$\partial y^*/\partial \beta < 0$，$\partial U^*/\partial \beta > 0$；当 $\hat{\beta}_U < \beta < 1$ 时，$\partial y^*/\partial \beta < 0$，$\partial U^*/\partial \beta < 0$。

证明：由式（5 - 25）减去式（5 - 24），可得：

$$\hat{\beta}_U - \hat{\beta} = \frac{\varphi \gamma \varepsilon (1 - \delta) [\tau + (1 - \alpha)(1 - \tau)]}{\tau \left(\frac{\alpha}{1 - \alpha} + \varphi \gamma \varepsilon + 1 - \delta \right) \left(\frac{\alpha}{1 - \alpha} + \varphi \gamma \varepsilon \right)} > 0$$

其中，$\dfrac{\varphi \gamma \varepsilon (1 - \alpha)^2}{\alpha + \varphi \gamma \varepsilon (1 - \alpha)^2} < \tau \leqslant 1$。

推论 1 的含义：当能源税税率在 $(0, \mathrm{T}_U]$ 的范围内，将能源税收入全部用于补贴减排活动，能够同时实现人均产出最大化与居民福利水平最大化；当能源税税率在 $(\mathrm{T}_U, 1]$ 的范围内，提高能源税收入对居民收入的补贴比例将有利于居民福利水平的提高，但可能会阻碍人均产出的增长。这主要归因于上面所提到的产出效应与收入效应的综合影响。当 $\tau \in (\mathrm{T}_U, 1]$ 时，$0 < \beta < \hat{\beta}$ 意味着增加能源税收入对居民的补贴会产生正的产出效应和正的收入效应，从而提高稳态水平下的终身福利和人均产出；$\hat{\beta} < \beta < \hat{\beta}_U$ 意味着税收收入对居民补贴的增加将会产生负的产出效应和正的收入效应，而前者效应小于后者，从而提高了居民福利水平，降低了

人均产出；同样地，$\hat{\beta}_U < \beta < 1$ 意味着提高能源税收入对居民收入的补贴比例将会产生负的产出效应和正的收入效应，当前者效应大于后者时，总福利效应为负，从而居民福利和人均产出均受到负面影响。那么，在能源税税率给定的条件下，中国如何分配能源税收入，是否能够同时促进人均产出和居民福利水平，将在接下来一节中结合实际数据进一步讨论。

5.3　实现双重红利效应的数值分析

在给定的能源税税率情况下，前一节从一般性角度推导了能源税收入在节能减排与居民收入补贴之间的最优分配比例，如式（5-24）和式（5-25）所示，以期分别实现人均产出最大化和居民终身福利最大化目标，跨越"环境健康贫困"陷阱。鉴于中国已步入中等收入国家行列，但环境污染压力巨大，这不仅会恶化公众健康质量，而且会进一步影响到劳动生产率和经济增长，加剧"中等收入陷阱"风险。为此，本部分将能源税收入分配理论结果与中国实际数据相结合，定量化回答中国是否存在同时满足人均产出最大化和福利最大化的能源税收入再利用机制，以降低陷阱风险。此外，尽管前一节已定性分析出各参数大小对最优分配比例的影响，但在给定能源税分配政策情形下，这些参数的变动又是如何影响中国人均产出以及居民福利水平的，这是本节定量化研究要回答的第二个问题。

通过给定初始的外生参数来校准前一节的理论推导表达式。根据肖欣荣和廖朴（2014）的研究，居民消费的主观贴现率设为 0.6，换算成边际储蓄率为 $\delta = 0.37$；根据张芬等（2012）研究，基本情形下中国资本的产出份额为 $\alpha = 0.5$；根据《中国统计年鉴 2014》数据显示，2013 年中国卫生总费用占 GDP 的 5.57%，故健康投资设为 $\theta = 0.0557$；根据保吹尔（2009）的数据假设，污染对健康的影响弹性 $\varphi = 2$，污染排放与减排之比对污染存量的弹性数值设为 $\gamma = 0.3$；在环境污染物中，我们选取烟

（粉）尘作为目标污染物，根据《中国统计年鉴2014》可知，2013年烟（粉）尘排放量达1278.14万吨，GDP为568845亿元，平均每亿元产出排放22吨污染物，故设污染排放强度$z = 22$。在健康对劳动生产率的影响程度上，受数据的有限性，我们暂且假设$\varepsilon = 0.02$。为方便起见，我们假设$A = 1$，$\mu = 1$，$\eta = 1$，$\xi = 1$。模型基本参数选择见表5-1。

表5-1　　　　　　　　　　　　参数初始值

变量	A	δ	α	η	θ	μ	ξ	ε	φ	z	γ
数值	1	0.37	0.5	1	0.0557	1	1	0.02	2	22	0.3

资料来源：笔者借鉴相关文章调整所得。

5.3.1　数值模拟

由前一节理论推导可知，在不同的能源税税率取值下，税收收入最优的分配比例也是不同的。为此，基于表5-1中给定的初始参数值，可分别求出基于人均产出最大化和居民福利最大化两个目标能源税税率临界值为$T_y = 0.59\%$，$T_U = 0.36\%$。因此，由推论1可知，当能源税税率低于0.36%时，将能源税收入全部用于补贴减排活动，能够同时实现人均产出最大化和福利最大化的理想状态。然而，我国能源税征收尚处于探索阶段，相关能源税收入数据较少。根据欧洲统计数据（european statistics）可知，如图5-1所示，2013年欧盟28国能源税收入占GDP[①]的1.84%，其中，比重最高的是罗马尼亚，占3%；比重最低的是挪威，占0.95%。可见，欧洲大部分国家现有能源税税率均在临界值Ty = 0.59%之上。据此，考虑到我国能源环境挑战的严峻性，假设我国能源税税率会高于0.59%，此时能源税收入分配政策将难以同时实现人均产出与居

[①]　需要说明的是，本章着重理论分析了在能源税税率给定的条件下，如何分配能源税收入以实现人均产出最大化和福利最大化。然而，具体实践上，从宏观层面能源税包括燃油税、煤炭资源税、天然气资源税等多种种类。而基于本章理论模型式（5-10）的设定，τy_t表示能源税收入，从而能源税税率τ相当于能源税收入在总产出y_t的比重。因此，在数值模拟部分，本书将GDP作为总产出的代表性指标，将能源税税率取值为能源税收入占GDP的比重。

民福利水平的最大化。为了针对性分析人均产出最大化和福利水平最大化之间的目标冲突，选取最严厉的能源税征收情景，即我国参照罗马尼亚确定能源税税率，设 $\tau = 3\%$ ，使得 $\tau > T_y > T_U$。[①]

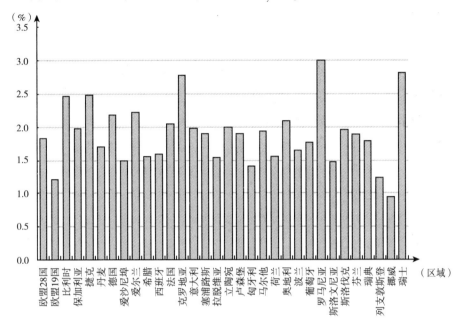

图 5 - 1　2013 年欧洲各区域能源税收入占 GDP 的份额

资料来源：欧洲统计数据库，http：//appsso.eurostat.ec.europa.eu/nui/setupDownloads.do。

图 5 - 2 反映了在给定能源税税率 3% 的条件下税收收入补贴居民的比例 β 对人均产出、居民福利的边际效应。A 点意味着 $\partial y^* / \partial \beta = 0$ ，$\hat{\beta} = 0.81$。也就是说，当能源税收入返还给居民的比例 β 在（0，0.81）范围时，能源税收入的再利用将对人均产出产生正的影响；将 81% 的能源税收入用于增加居民收入，剩余的 19% 补贴给减排活动，此时能够实现稳

---

① 若我国制定极度宽松的能源税政策，能源税收入在 GDP 的比重低于 1.14% 时，将税收收入全部补贴减排活动，会同时实现人均产出与居民福利的最大化。鉴于目前我国能源环境问题的严重性，本书暂不考虑我国极度宽松的能源税政策情形。此外，若我国按照欧盟 28 国平均征税标准征收，能源税收入占 GDP 的比重为 1.84%，即 $T_U < \tau < T_y$，模拟结果显示，同样存在人均产出最大化与福利水平最大化的目标冲突。限于篇幅，这些结果没有具体列示，感兴趣的读者可向作者索取。

态均衡下的人均产出最大化。但对于居民福利而言，这种分配比例并非是最优的，正如 B 点所描述的那样，$\partial U^*/\partial\beta = 0$，$\hat{\beta}_U = 0.88$，即，将 88%的税收收入返还给居民，剩余的 12%用于补贴减排活动，此时稳态均衡下居民福利是最大的，但这种分配比例会使得稳态人均产出水平下降很多（即，$\partial y^*/\partial\beta < 0$）。由此看出，能源税收入在居民收入与减排活动的分配比例无法同时满足人均产出最大化与居民福利水平最大化。[①] 那么，在实践操作中能源税收入对居民的补贴比例选取 81%还是 88%，这取决于我国政府自身的决策偏好。但可以肯定的是，能源税收入分配政策是能够实现经济或福利损失降低到最低水平，有利于规避"环境—健康—贫困"的陷阱。

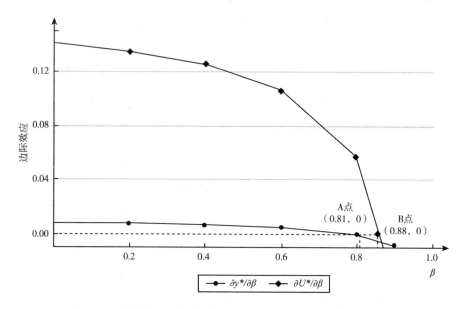

图 5 - 2　能源税收入分配比例对人均产出、居民福利的边际影响

在过去的 40 多年里，中国过度依赖能源消耗发展经济，环境污染日益严重。长期来看，以忽视公众健康、破坏生态环境为代价来换取经济

---

① 由图 5 - 2 所示，随着 β 的变动，其对居民福利的边际效应影响相对较大，而对人均产出的边际效应影响相对较小，这意味着可能存在兼容产出最大化与福利最大化的次优解。那么，如何寻找能源税收入次优分配比例以同时实现产出最大化与居民福利最大化是非常有价值、有意义的课题，也是未来值得深入研究的方向。

总量上的增长是不可取的，甚至整个经济系统有可能陷入"环境—健康—贫困"的陷阱中。因此，尽管政府将居民福利作为决策目标之一有可能会放慢经济增长速度，降低稳态均衡下的人均产出，但只有这种做法才能打破恶性循环，真正实现经济—环境—公共健康的可持续协调发展。

本节实证研究能够较好地解释中国能源税收入再利用机制以及决策目标冲突，但是在具体的最优分配比例数值上仍存在一些偏差。这主要是因为，模型参数与实际参数存在偏差。本节的参数选择尽管基于已有研究和实际数据确定，但这些参数的准确性仍然有待于考证。

5.3.2　敏感性检验

受数据可获性、理论模型的抽象性等影响，模型参数取值与实际数据会存在一定的偏差。那么，在给定能源税收入对居民与节能减排活动的分配比例情形下，这些参数变动对稳态均衡时人均产出、居民福利水平又有什么样的影响？对这些关键参数进行敏感性检验显得十分必要。因此，本节将前一节选取的参数作为基准情景，结合以往学者对关键参数的赋值及中国工业化进程中经济社会未来可能发展趋势设置了关键参数变动情景，通过对比分析得出关键参数的敏感性检验结论。即，在给定的能源税收分配政策情形下，探讨我国资本产出份额、污染排放强度、污染对健康的危害程度等关键参数变动对人均产出与居民福利稳态均衡水平的影响，为中国能源税政策的制定与调整提供一定的参考。

如图 5-3 至图 5-5 所示，实线代表基准情景，虚线代表关键参数变动的情景。不难看出，当考虑到污染对健康质量的影响时，随着关键参数的变动，居民收入补贴占能源税收的比例对人均产出、居民福利水平的边际效应仍然存在等于 0 的情形，即存在最优分配比例。其中，A 点与 B 点代表着基准参数下能源税收入最优分配比例点，分别实现了人均产出最大化与居民福利最大化；A1 点与 B1 点分别代表当关键参数变动时的最优分配比例点。当居民收入补贴在能源税收入的比例小于此最优比例时，居民收入补贴对人均产出（或福利水平）的边际效应为正；当居民收入补贴比例大于最优比例时，居民收入补贴对人均产出（或福利水平）的边际效应为负；也就是说，不管关键参数如何变动，均会存在基于人均产出最大化或居民福利最大化的能源税收入最优分配比例，但又难以同时满足两者最优目标，这与命题1、命题2、推论1的结论相符合，数值模拟与理论研究发现一致，结果具有稳健性。[①]

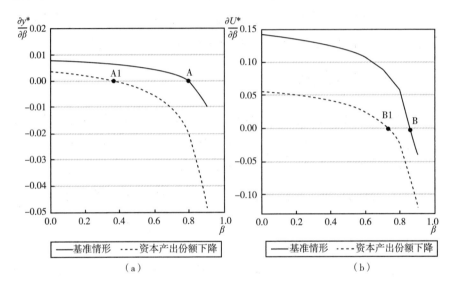

图5-3　资本产出份额下降对最优分配比例的影响

注：A点与A1点分别代表在基准情形、资本产出份额下降时为实现人均产出最大化的能源税收入补贴居民的比例；B点与B1点分别代表在基准情形、资本产出份额下降时为实现福利最大化的能源税收入补贴居民的比例。

具体而言，在资本产出份额方面，白重恩和张琼（2014）发现，随着投资率大幅攀升和政府规模持续扩大，2008年金融危机后中国资本回报率大幅下降。因此，本书结合中国工业化发展状况，研究分析资本产出 α 份额下降对人均产出与居民福利边际效应的影响。在给定的能源税

[①] 另外，本章也对给定能源税税率 τ 介于临界值 T_U 与 T_y 之间的情形进行了敏感性检验，发现结果仍具有稳健性。限于篇幅，图5-3至图5-6仅列示了部分模拟结果图，如需其他结果图，可向作者索取。

收入分配比例条件下，当资本产出份额 α 下降时，通过对比图 5-3 中 A 点与 B 点、A1 点与 B1 点，本书发现实现人均产出最大化或居民福利最大化的能源税收入补贴居民的最优比例均会下降，也就是说，补贴节能减排活动变得更加重要。对此我们解释为：当资本产出弹性 α 减少时，相应的，劳动产出弹性 $1-\alpha$ 就越大，污染健康效应通过劳动生产率的传导途径对人均产出有着更大的影响。一旦能源税收入返还给节能减排活动，通过改善环境质量提高劳动者身体健康质量，降低原有的大病冲击，减少原有的劳动质量损失，从而间接刺激了经济产出。那么，在给定的能源税税率情形下，能源税收入因产出规模的扩大而增加，从而在给定的能源税收入分配比例 β 的情况下居民收入补贴的绝对量会增加。尽管资本产出份额的下降会使得劳动产出份额相对增加，加大了原有的征税扭曲；但刺激的产出效应会使得居民可支配收入增加，加之能源税对居民收入补贴的增加，从而原有放大的税收扭曲将会被抵消掉。因此，随着我国投资回报率的下降，资本产出份额逐渐下降，政府应该上调能源税收入对节能减排活动的补贴比例，降低居民补贴比例，才能保持人均产出最大化或福利最大化的最优状态。

在污染对健康危害程度方面，考虑到未来医疗卫生技术的发达、居民对健康的重视程度等因素的影响，本书研究我国未来社会经济情形下污染危害健康程度 φ 下降对人均产出、居民福利的影响。当污染对健康的危害程度降低时，单位能源税收入再利用带来的人均产出与居民福利水平均得到提升。对此我们的解释为：当污染对健康的危害程度下降时，在同等的节能减排补贴下，同等的环境质量带来的健康危害将会降低，从而劳动生产率损失将会降低，间接刺激经济产出，居民要素收入将会增加，实际购买力增长，从而进一步增进居民福利水平。此时，增加一单位的居民收入补贴所带来刺激产出效应与居民福利增进效应要远远大于增加一单位节能减排补贴所带来的效应。因此，如图 5-4 所示，当污染对健康的危害程度降低时，为实现人均产出最大化，能源税收入对居民收入的最优补贴比例点将会从 A 点右移到 A1 点；同样地，为实现居民福利最大化，最优补贴比例点从 B 点右移到 B1 点。如此一来，能源税收入对居民收入的补贴变得更加重要。因此，基于人均产出最大化或福利最大化的能源税收入对居民的补贴比例均会上升，反之亦然。

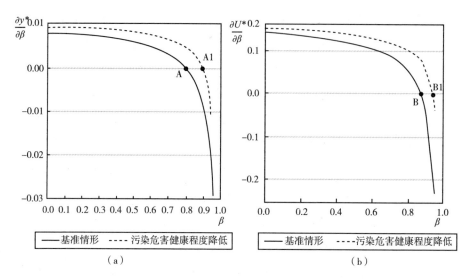

图 5 - 4　污染危害健康程度下降对最优分配比例的影响

注：A 点与 A1 点分别代表在基准情形、污染危害健康程度下降时为实现人均产出最大化的能源税收入补贴居民的比例；B 点与 B1 点分别代表在基准情形、污染危害健康程度下降时为实现福利最大化的能源税收入补贴居民的比例。

在健康质量对劳动生产率影响方面，考虑到经济生产过程中人性化与知识越发受到重视，我们假设中国未来健康对劳动生产率的影响 ε 逐步增加时对最优能源税收入分配比例的影响。如图 5 - 5 所示，当健康对劳动生产率的影响上升时，为实现人均产出最大化和居民福利水平最大化的能源税收入对居民的最优补贴比例点分别从原有的 A 点、B 点分别左移到 A1 点与 B1 点。对此我们解释为：在同等的节能减排活动补贴下，当健康对劳动生产率的影响 ε 上升时，同等的健康质量所带来的劳动生产率损失增加，人均产出及居民要素收入减少，居民福利水平降低。此时，政府对减排活动补贴的重视程度上升，因此能源税收入补贴污染减排的比例上升，补贴居民的比例下降。

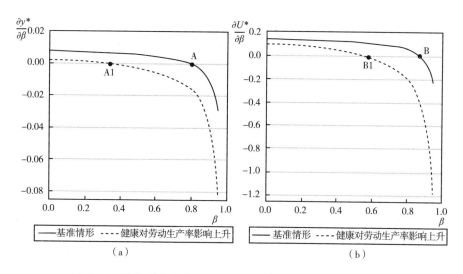

图 5 - 5　健康影响劳动生产率程度上升对最优分配比例的影响

注：A 点与 A1 点分别代表在基准情形、健康对劳动生产率影响上升时为实现人均产出最大化的能源税收入补贴居民的比例；B 点与 B1 点分别代表在基准情形、健康对劳动生产率影响上升下降时为实现福利最大化的能源税收入补贴居民的比例。

　　综上所述，在给定能源税收入分配政策条件下，为实现人均产出与居民福利最大化的能源税最优分配比例会受关键参数变动的影响。尽管本节对参数变动方向的研究建立在一定假设基础之上，但研究结果仍然是有意义的。随着时代的进步与社会的发展，这些关键参数会不断变化着。因此，政策制定者需要因时制宜，不断地对能源金融政策措施进行相应的调整，这才是保持帕累托最优状态的重要条件。此外，中国地域广阔，各地区间产业结构、资源环境以及人文风情存在着很大的差异，有关能源税收入在居民与节能减排活动的最优分配比例也会有所不同，这也为因地制宜地制定政策提供参考依据。

5.4　本章小结

　　面对我国"环境—健康—贫困"的陷阱风险，如何制定能源金融政策实现经济与环境的协调发展成为我国政府亟须解决的问题。其中，能源税的征收已成为既定事实，如何分配税收收入来减轻甚至避免经济损失成为目前学界和社会关注的热点，也关系到我国环境治理和改善民生等重大政策目标的顺利实现。考虑到环境污染对健康质量及经济产出的影响，本书认为应将能源税收入分配给居民收入与支持企业减排上。因此，基于健康影响经济产出的视角，本章构建 OLG 理论模型，首次讨论了在既定能源税税率水平下能源税收入在居民收入与污染减排之间的最优分配比例问题，从定性上回答了有关能源金融政策"双重红利"效应的存在性争论。

本章的主要结论是：第一，存在能源税收入对居民与节能减排活动的最优分配比例，能够实现人均产出最大化。此时，能源税征收在改善环境的同时，所带来的经济损失减少至最低值，甚至可能促进经济产出增长，也就是说，实现了"双重红利"效应。当某阈值条件满足时，居民收入补贴在税收收入中的比例与人均产出水平呈倒"U"型的关系。能源税收入分配政策有可能促进经济增长，也有可能阻碍经济增长，这取决于居民收入增加带来的资本积累增加的产出效应与节能减排补贴增加带来的健康人力资本改善的产出效应比较。而且，资本产出份额越大时，或者能源税率越高时，或者污染对健康的危害越小时，或者健康对劳动生产率的影响程度越小时，或者节能减排活动效果越无效时，居民收入补贴在能源税收入中的最优比例就会越大，才会保证人均产出最大化。第二，存在能源税收入最优分配比例，能够实现福利水平最大化。当某阈值条件满足时，居民收入补贴在能源税收的比例与居民福利水平也呈倒"U"型的关系。第三，当某阈值条件满足时，能源税收分配政策有利于提高居民福利水平同时，却阻碍了经济增长。第四，结合中国实际数据，实证研究发现我国目前能源税分配政策难以同时实现人均产出与居民福利的最大化；敏感性分析表明当资本产出份额下降或者健康对劳动生产率影响程度上升时，能源税收入补贴减排的最优比例会上升；当污染危害健康程度下降时，能源税收入对减排活动的最优补贴比例会下降；然而，无论参数如何变动，定性结论仍具有稳健性。也就是说，随着经济社会的发展，分配比例也会需要适时地进行调整，才能继续保持人均产出最大化或居民福利水平最大化。

基于以上结论，并考虑到当下环境污染形势的严峻性，在未来一段时间我国可能面临着较为突出的"环境—健康—贫困"的陷阱风险，为了有效突破或规避陷阱，本章的研究启示总结如下。

第一，征收能源税并将其收入用于补贴居民收入及企业污染减排的能源税收政策能够发挥逆向约束与正向激励的双重作用，在最大限度上降低能源税征收所带来的经济损失与居民福利损失。例如，将能源税用于增加居民转移支付，以降低因征税所带来的收入损失；它还可以用于奖励积极采用新减排技术并达到环保标准的企业，甚至对于那些受能源税影响较大的能源排放密集型企业在其做出减排规划的前提下给予税收返还的短期支持。当然，能源税收入的一大用途是继续用于绿色环保支出，如专门用于研发新能源汽车等新技术、提高传统汽车燃油经济性、鼓励公交车出行等节能减排行为。如此一来，能源税政策将能源税征收与收入分配相结合，这也符合《大气污染防治行动计划》中的"谁污染、谁负责，多排放、多负担，节能减排得收益、获补偿"的原则，有利于降低征税损失，促进减排，为降低"中等收入陷阱"风险提供保障。

第二，能源税收入在居民收入与减排活动之间的补贴比例取决于政策制定者的决策偏好。实际上，政策制定者的决策偏好在实现经济与环境融合方面处于非常重要的位置。目前来看，我国能源税收入分配政策无法同时实现人均产出与居民福利的最大化。因此，关于经济增长与福利增进的目标选取上需要依赖于我国政府的决策偏好。若政策导向由原有的唯 GDP 论向增进居民福祉转变，尽管可能会放慢经济增长速度，无法实现稳态均衡条件下的人均产出最大化，但会提升居民福利水平，这才是以人为本构建和谐社会的根本体现。

第三，能源税收入分配政策需要根据各地区的实际情况进行相应调整。中国地域辽阔，各地区环境污染与经济发展状况差异较大，一刀切的能源税收入分配机制在经济上往往是无效的。因此，建议在中央政府制定统一的能源税收入分配政策基础上，地方政府应根据当地实际情况，因地制宜，适当调整具体分配比例，从而兼顾各地区经济增长、环境保护与居民福祉。同时，随着现代化进程的加快推进，环境、污染和公共健康问题日益凸显，能源税收入分配政策也需要适时调整，因时制宜，才能不断提升居民福利水平、保障经济健康发展。

需要指出的是，本章的主要研究在于从理论上分析环境、健康和经济增长之间的关系，讨论能源税收入在居民收入与企业污染减排之间的最优分配比例问题。考虑到理论研究的抽象性，本章定量结论仍需进一步经验检验和应用。

第 6 章
优化后燃油税政策双重红利研究

当考虑到污染对健康及经济产出的影响时，能源税机制在改善环境的同时，是能够促进经济增长，"双重红利"效应是存在的，这是第 5 章所得出的理论性结论。那么，面对我国现行燃油税政策损害经济增长的事实，如何优化现行燃油税政策从而获取"双重红利"效应成为本章需要重点回答的问题。因此，本章从税收的基本要素出发，全面探讨优化我国现行燃油税政策的可能效果，以期最终实现双重红利效应，促进经济增长与环境保护的协调发展，为我国燃油税政策制定提供更加翔实全面的参考依据。

因此，本章分别从税收用途、征收环节、不同税率三个角度去设置优化我国现行燃油税政策的情景，并基于第 3 章所构建的一般均衡分析框架，对比分析不同政策路径所带的宏观经济、部门产出、产品价格、能源消耗、污染排放及居民健康等方面影响差异。最后，如果进一步考虑到污染对健康及产出的影响时，研究结果会出现怎样的变化？本章对此进行定量化的回答。

6.1 燃油税的不同税收用途比较

能源税收入用于补贴居民与节能减排活动，能够实现经济增长与环境保护的双重红利效应，这是第 5 章所发现的。因此，本章在此理论性发现基础上，结合现实中可行的税收分配方式设置不同的税收分配情景，分析其对中国的能源、环境、经济及居民健康的效果。

6.1.1 燃油税收入分配情景设置

《通知》指出，我国燃油税收入按照顺序依次分配给公路养路费、航道养护费、公路运输管理费、公路客货运附加费、水路运输管理费、水运客货运附加费六项开支，补助各地取消政府还贷二级公共收费，补贴农民种粮以及公益活动等。然而，燃油税作为一种能源金融政策手段，其收入在满足道路养护等用途的同时，其剩余部分的再利用关系到经济增长与环境保护的"双重红利"效应实现问题。

目前，许多学者大多从企业和居民两个市场主体入手，设置了多种能源税收入返还政策。例如，梁等（Liang et al.，2007）将碳税收入用于降低居民所得税、企业间接税、增加居民转移支付等用途，研究我国各种碳税收入分配政策效果；艾伦等（2014）比较分析了苏格兰碳税收入用于降低居民所得税、增加政府支出的政策效果。当考虑到污染对健康质量及经济产出的影响时，第 5 章从理论视角研究中发现能源税收入的 81% 返还给居民，剩余 19% 补贴节能减排活动，此时人均产出将会最大化。本章假设政府目标是最大化产出水平，结合第 5 章的理论性结论，并借鉴前人研究，共设计了以下三种燃油税收入分配情景，如表 6-1 所示，将燃油税收入返还给政府、居民及企业等不同市场主体。为了更好地讨论不同税收用途的政策效果，情景基准年仍是 2010 年，征收环节与税率均与第 4 章情景 S0 一致。通过对比分析不同的燃油税收入用途情景结果与 2010 年基准情况，本章会得出各种情景下相应的政策效果，从而，判断出能够实现双重红利效应的燃油税收入分配路径。

表 6 – 1   燃油税收入分配情景的设定

编号	课税对象	从量税	税收用途
S1	生产与进口环节	上调0.52元/升	将收入通过居民转移支付的形式全部返还给居民
S2	生产与进口环节	上调0.52元/升	将收入全部用于降低燃油厂商间接税
S3	生产与进口环节	上调0.52元/升	将收入的81%转移给居民,剩余用于节能减排投资

资料来源:笔者设定所得。

由于数据有限性,在情景 S3 中企业节能减排投资主要用于治理我国雾霾天气去除污染排放量,尚未考虑节能投资;为了与第 3 章居民健康福利模块衔接上,本章暂且只估算 $PM_{2.5}$ 和 $PM_{10-2.5}$ 污染物减排效果;而且,我们只能通过估算工业粉尘去除量而得到 PM_{10} 减排量。首先,本书根据第 3 章 2010 年 PM_{10} 产生量的估算结果与《中国统计年鉴2011》中工业粉尘产生量数据,估算出 PM_{10} 占工业粉尘的比重。其次,结合工业粉尘去除量占总废气去除量的比重以及工业废气治理投资额,估算出去除每吨工业废气所需要的治理投资额。再其次,假设所有类别废气去除成本相同。那么,在给定节能减排投资总额时,悬浮颗粒物 PM_{10} 的去除量由此推导得出。最后,根据 $PM_{2.5}$ 在 PM_{10} 中所占比重65%,从而分别估算出 $PM_{2.5}$ 与 $PM_{10-2.5}$ 的减排量。需要指出的是,由于未能估算出固定废弃物、水污染物以及二氧化硫等污染物减排量,模拟结果将会低估节能减排投资的环保效应,但燃油税政策对经济环境与健康质量影响的研究仍是有意义的。

6.1.2   不同税收用途的双重红利效果

本章采用第 3 章所构建的一般均衡框架,以 CGE 模型为核心,研究分析前一节所设置的能源税收入分配政策情景在宏观经济、居民健康、空气质量等方面的影响。为了突出居民健康质量对产出影响的反馈机制在能源金融政策制定过程中的重要性,本节效果分析中前六部分暂且不考虑居民健康对产出的影响,为第七部分考虑居民健康对产出影响下的研究结果提供对比依据。

1. 不考虑居民健康影响产出时宏观经济效应。

表 6 - 2 显示了燃油税收入分配政策情景中重要宏观经济变量相对于基期均衡状态的百分比变动率。其中，短期来看，资本与劳动要素难以根据外界环境冲击而及时调整，故保持原有的基期水平；长期来看，资本与劳动要素能够用充分的时间进行完全调整，以适应外界环境的变化。在三种情景分析中，燃油税的征收，产生了不同程度正向的节能减排效果。这表明燃油税政策通过经济手段调整市场行为，能够实现"双重红利"效应中的"第一红利"。但有关宏观经济、居民福利等指标的变化方向与大小因税收返还机制的不同而有着显著差异。

对于将燃油税收入以转移支付的形式返还给居民的情景 S1 而言，征收燃油税带来负向产出效应的同时，居民转移支付增加带来的收入效应会产生正向的福利效应。但与初始状态相比，此情景仍会阻碍经济增长，恶化居民福利。见表 6 - 2，受居民转移支付增加的影响，居民可支配收入短期内增加 9.26%，长期内增加 1.54%。受燃油税征收带来物价上涨的影响，实际消费在短期和长期均呈现下降态势。但与表 4 - 2 中 S0 情景相比，即与现行燃油税政策效果相比，受居民可支配收入增加的影响，实际消费损失有所降低；居民福利恶化程度也有所改善，短期与长期内分别相对增加 358.65 亿元、519.02 亿元。对于实际 GDP 而言，居民可支配收入的增加会产生需求侧的刺激，有利于拉动产出增长；但企业为扩大生产规模必然存在加大燃油中间投入的动机，而受中间投入品价格的上升，对劳动与资本要素需求进一步加大，短期内资本价格和劳动价格增幅加大，从而燃油税征收扭曲被放大，使得最终产出价格涨幅更大，企业生产成本加重。因此，由于燃油税扭曲放大所带来的负向产出效应要大于居民需求侧刺激所带来的正向产出效应，最终，与 S0 情景相比，S1 情景中产出冲击更为严重。

表 6 - 2　　　　　　　不考虑居民健康影响产出时各种燃油税收入

分配政策的宏观经济效果　　　　　　单位:%

宏观经济变量	S1		S2		S3	
	短期	长期	短期	长期	短期	长期
实际 GDP	- 10. 61	- 3. 71	1. 22	0. 45	- 10. 62	- 3. 75
居民福利水平[a]	- 7100. 22	- 3581. 19	875. 32	476. 88	- 7168. 32	- 3680. 21
平均工资水平	11. 52	0	- 1. 08	0	11. 43	0
资本价格[b]	16. 96	4. 51	- 1. 6	- 0. 48	16. 83	4. 53
就业	0	1. 27	0	- 0. 14	0	1. 26
资本存量	0	- 5. 01	0	0. 61	0	- 5. 04
实际消费	- 7. 21	- 3. 6	0. 89	0. 48	- 7. 28	- 3. 7
实际出口	- 12. 97	- 4. 41	1. 39	0. 41	- 12. 94	- 4. 44
实际进口	- 11. 83	- 4. 07	1. 21	0. 35	- 11. 81	- 4. 10
GDP 平减指数	4. 99	1. 12	- 0. 47	- 0. 12	4. 92	1. 08
CPI	17. 63	5. 22	- 1. 68	- 0. 58	17. 54	5. 22
总税收	5. 87	2. 84	- 0. 34	- 0. 08	5. 82	2. 82
居民可支配收入	9. 26	1. 54	- 0. 82	- 0. 11	9. 09	1. 43

注:[a] 用 EV 衡量的水平值,单位:亿元;[b] 取自各部门资本价格变化百分比的均值。
资料来源:笔者计算所得。

长期来看,企业与消费者能够完全调整自身行为,S1 情景中已不存在前面所提到的税收扭曲放大效应。但由于在 S0 情景中燃油税收入转化为政府储蓄,从而长期中会形成投资,产生正向产出效应,因此,S1 情景中的居民消费需求增加的产出效应弱于 S0 情景中投资拉动的产出效应时,S1 情景中实际 GDP 损失相对更为严重。由此可见,将新增燃油税收入以转移支付的形式返还给居民时,与不上调燃油税的初始状态相比,居民福利与经济产出仍会受到负面冲击。

当燃油税收入以降低企业所得税的形式返还给燃油厂商时,见表 6 - 2,S2 情景中,短期内宏观经济发展与居民福利水平均得到大幅的提升。燃油厂商所得税的下降意味着该企业的税收负担相对减少,部分抵消了燃油税上调所加重的税收负担,间接抑制了燃油产出价格的大幅增长,从而使得大部分以燃油为中间投入品的企业生产成本压力均会有所缓解,刺激了所有企业生产积极性,与初始状态相比,实际 GDP 上涨 1.22%。同时,受中间投入品价格涨幅下降的影响,企业倾向采用更多的中间投入品;相应地,增加值投入需求降低,资本收益率与工资增幅降低,分别下降 1.60%、1.08%。企业总体生产成本增幅降低,使得最终产出价格增幅也明显降低,CPI 下降了 1.68%,GDP 平减指数也下降 0.47%;居民实际消费增加 0.89%,居民福利水平增加至 875.32 亿元。在对外贸易条件上,受国内消费需求的拉动,实际进口量上升 1.21%;受国内产出价格的略微上浮影响,实际出口量将上涨 1.39%。

长期来看,资本与劳动要素能够充分调整以适应上调燃油税同时降低燃油厂商所得税的变化。与初始状态相比,宏观经济发展与居民福利水平会出现正向的增加。这主要是受增加值要素投入的可调整性影响,企业长期中用增加值投入替代中间投入品的意愿增加;同时,长期中由投资形成的资本存量增加 0.61%,使得资本投资回报率降低 0.48%,从而使得企业生产成本压力得到有效缓解;此时,中间投入品需求的降低会间接抑制各部门产出的增长,实际 GDP 增幅放缓,仅增长 0.45%;总产出价格下降,CPI 与 GDP 平减指数分别下降 0.58%、0.12%,释放了部分家庭购买力;居民实际消费增加 0.48%,用 EV 衡量的福利水平值增加 476.88 亿元。由此可见,宏观经济增长与居民福利受益于情景 S2 所描述的燃油税收入分配政策。

对于将 81% 燃油税收返还给居民、剩余 19% 用于补贴节能减排的情景 S3 而言,见表 6 - 2,与初始状态相比,无论是短期还是长期而言,实际 GDP、CPI、居民可支配收入、实际进出口及居民福利等方面的变动方向几乎与 S1 情景基本一致,但在程度上宏观经济增长与居民福利损失更为严重。可见,在不考虑居民健康质量对经济增长的影响时,节能减排投资在经济增长与居民福利上完全没有效果;但返还给居民的燃油税收越多,改善程度越明显。因此,如果在燃油税政策制定过程中忽略居民健康质量对经济的反馈效果时,环境污染治理投资活动的效果也会被低估,以至于能源消耗与环境污染问题更加严重,居民健康质量急剧下降。

如此一来，将燃油税收入返还给居民以降低税收扭曲，但节能减排补贴活动常常难以受到重视，原有的环境污染存量仍会存在。这在一定程度上印证了肖欣荣和廖朴（2014）关于中国环境污染治理投资仍低于最优水平的研究成果。

2. 不考虑居民健康影响产出时部门产出效应。

由表 6 - 3 与表 4 - 3 对比可知，当燃油税收入以居民转移支付的形式返还时，即在 S1 情景中，短期各部分产出损失要远远大于 S0 情景。正如前文所分析的，居民收入增长释放部分家庭购买力，企业为满足家庭所增加的消费需求存在扩大生产的动机，但又面临中间投入产出价格上涨的压力，使得采用增加值要素投入替代的意愿更为强烈，造成短期增加值要素价格上涨，进一步加剧企业生产成本压力，抑制各部门产出的增长。因此，短期内各部门产出降幅更为严重。例如，其他工业产出降幅达 12.66%，高耗能工业产出下降 12.12%。但从长期来看，由于企业能够充分调整生产结构，抓住居民转移支付增加所释放实际购买力的机遇，部门产出损失降幅要小于 S0 情景。这表明将燃油税收入以居民转移支付形式返还的经济效果在长期更为可观。

与情景 S0、S1 相比，燃油税收入以降低燃油炼制业所得税形式返还的 S2 情景将会抵消燃油税对行业的负面冲击，所以短期与长期内大部分行业产出均会微涨。这主要是因为：生产（进口）环节征收燃油税的同时，降低国内成品油厂商企业所得税，相当于成品油生产成本几乎不变，而且反倒刺激了成品油厂商的生产动机，拉动各种中间投入品的需求，带动其他上下游行业产出的增长。此外，由于国内燃油品价格增幅微小直接带动了私家车消费需求的增加，加之受各消费品价格增幅下降的影响释放部分购买力，最终，与初始状态相比，私家车消费上涨 1.17%，城市公共交通消费增长 0.95%。长期内，由于企业生产结构能够做到充分调整，劳动与资本的要素供给是充分可调整的。因此，企业更倾向于采用增加值要素来替代中间投入品，进而中间投入品需求的降低抑制了各部门产出增长的积极性，使得各部门产出增速要低于短期。其中，燃油炼制业的产出增长仍最为显著，为 2.23%；受居民购买力的部分释放，私家车消费与城市公共交通产出分别上涨 0.76%、0.49%。这表明：通过降低炼油商企业所得税的形式降低企业税负，尽管大部分产出因燃油价格增幅降低而受益，但是与上调燃油税的节能初衷相违背，增加私家车消费，降低了公共交通出行，不利于绿色出行的推广。

对于将 81% 燃油税收返还给居民、剩余 19% 用于补贴节能减排的情景 S3 而言，见表 6 - 3，与初始状态相比，无论是短期还是长期内大部分部门产出变动方向几乎与 S1 情景基本一致，但受损程度略小。对此，我们解释为：与情景 S1 相比，增加量相对较小的居民转移支付使得居民消费需求增幅降低，这些企业为满足居民消费需求增加量而将增加值要素投入替代能源投入品的意愿降低，从而资本与劳动名义报酬增幅降低；反过来，包括燃油厂商在内的所有部门生产成本降低，且生产成本降低带来的正向产出效应大于较低的居民消费需求所带来的负向产出效应，进而降低大部分产出受损程度，如燃油炼制业（- 15.19%）、高耗能工业（- 12.09%）。但也存在产出受损程度增加的部门，如卫生（- 4.15%）、服务业（- 7.58%）、私人交通（- 9.24%），这可能是因为这些部门与居民日常生活紧密联系，居民消费份额较大，主要受居民可支配收入的影响所致。长期来看，资本与劳动供给增加，增加值要素报酬回落，生产成本降低带来的正向产出效应被居民消费需求较低所带来的负向产出效应所抵消，最终，各部门产出受损程度均会轻微增大。

表 6 - 3　　　不考虑居民健康影响产出时各种燃油税收入分配政策对部门产出的影响　　　　　　　　　　　　　单位:%

行业部门	S1		S2		S3	
	短期	长期	短期	长期	短期	长期
农业	- 11.36	- 3.79	1.30	0.45	- 11.35	- 3.84
服务业	- 7.57	- 3.06	0.90	0.39	- 7.58	- 3.10
高耗能工业	- 12.12	- 4.12	1.39	0.49	- 12.09	- 4.15
其他工业	- 12.66	- 4.01	1.43	0.46	- 12.62	- 4.04
卫生	- 4.11	- 1.63	0.50	0.22	- 4.15	- 1.69

续表

行业部门	S1		S2		S3	
	短期	长期	短期	长期	短期	长期
石油天然气开发	-15.44	-8.34	2.86	2.01	-15.42	-8.37
燃油炼制业	-15.20	-8.35	3.06	2.23	-15.19	-8.39
煤炭	-10.13	-2.24	1.14	0.27	-10.11	-2.28
电力	-10.71	-3.28	1.25	0.42	-10.70	-3.31
城市公共交通	-7.91	-3.81	0.95	0.49	-7.94	-3.87
道路运输业	-10.85	-3.77	1.25	0.46	-10.83	-3.81
其他购置交通	-12.15	-4.80	1.45	0.61	-12.14	-4.84
私人交通	-9.17	-5.64	1.17	0.76	-9.24	-5.74

资料来源：笔者计算所得。

3. 不考虑居民健康影响产出时主要产品价格效应。

见表 6-4，若将燃油税收入以增加居民转移支付的形式返还时，与税收未返还的情景 S0（见表 4-3）相比，各部门产品价格上涨幅度更大。这主要是因为居民可支配收入的相对增加部分抵消原有税制造成的消费扭曲，生产部门为满足所增加的居民消费需求，生产结构中劳动资本要素对能源替代的意愿更为强烈，短期内劳动资本要素上涨幅度更大，生产成本的加重使得产出价格更高些。例如，燃油及密切相关的其他道路运输业产出价格分别上涨 23.66%、23.17%。长期来看，随着产业结构调整，各部门产出价格呈现回落趋势。

当燃油税收入以降低燃油厂商企业所得税的形式返还时，与情景 S0、S1 相比，受燃油厂商生产成本相对降低的影响，燃油价格增幅下降很多，短期内下降 2.30%。通过价格间接传导机制，以燃油为中间投入的所有企业生产成本拉低，从而产出价格上涨幅度也会降低。长期内，受降低燃油厂商企业所得税的影响，燃油税上调带来的产出扭曲效应较小，以至于被长期产业结构优化效应所抵消，从而较大幅度地降低企业生产成本。因此，与初始状态相比，长期各部门产出价格纷纷下降，有效抑制经济增长过程中的通货膨胀。

对于将 81% 燃油税收返还给居民、剩余 19% 用于补贴节能减排的情景 S3 而言，见表 6 - 4，与初始状态相比，无论是短期还是长期内大部分部门产出变动方向几乎与 S1 情景基本一致，但受损程度略小。这主要是由于较小的居民转移支付增加量会对居民消费需求的拉动作用较小，价格上涨幅度就会较小。

表 6 - 4　　　　不考虑居民健康影响产出时各种燃油税收入分配政策
对主要产品价格的影响　　　　　　　　单位:%

行业部门	S1		S2		S3	
	短期	长期	短期	长期	短期	长期
农业	16.90	4.66	-1.62	-0.53	16.81	4.66
服务业	18.52	6.05	-1.78	-0.68	18.42	6.05
高耗能工业	17.96	5.52	-1.72	-0.62	17.87	5.52
其他工业	16.90	4.48	-1.59	-0.48	16.80	4.48
卫生	16.34	4.15	-1.56	-0.47	16.25	4.14
石油天然气开发	17.69	5.33	-1.70	-0.61	17.59	5.33
燃油炼制业	23.66	10.67	-2.30	-1.21	23.57	10.67
煤炭	15.43	3.32	-1.47	-0.37	15.34	3.32
电力	16.40	4.17	-1.57	-0.47	16.31	4.17
城市公共交通	20.46	7.80	-1.98	-0.89	20.37	7.80
道路运输业	20.35	7.69	-1.97	-0.87	20.26	7.69
其他购置交通	23.17	10.15	-2.31	-1.21	23.07	10.15
私人交通	17.63	5.19	-1.68	-0.57	17.53	5.19

资料来源：笔者计算所得。

4. 不考虑居民健康影响产出时节能效应。

表 6 - 5 代表在各种燃油税收入分配政策中的短期与长期能耗变化。短期内，燃油税政策的节能效果是非常显著的。但在长期内，因税收返还形式的差异，各能源需求呈现不同的回升态势，节能效果并不显著。在情景 S1 中，当燃油税收入以增加居民转移支付的形式返还时，如前面分析的，与情景 S0 中现行燃油税政策（表 4 - 4）相比，短期内产出规模会进一步缩小，所有能源消耗需求会进一步降低。长期内，尽管生产结

构的调整会在一定程度上降低单位产出能耗水平，但一方面，产出规模负面效应会得到降低，另一方面，居民可支配收入的相对增加带动各部门产出需求；最终，各种能源品消耗需求经短期大幅下降后，长期内会小幅回升。

对于情景 S2 而言，当燃油税以降低燃油厂商企业所得税的形式返还时，短期内受燃油价格涨幅远远低于其他能源品价格涨幅的影响，燃油能耗需求大幅增加，上涨 1.94%；同时，受国内燃油需求增加的影响，处于上游端的石油天然气开发业能耗需求增加 2.77%，煤炭与电力能耗需求分别增加 1.17%、1.25%。长期来看，各能源品消耗需求回升，燃油需求出现正向增长。可见，无论短期还是长期，情景 S2 节能效果在所有情景中均是最弱的。

对于情景 S3 而言，将 81% 燃油税收返还给居民、剩余 19% 用于补贴节能减排，见表 6－5，与初始状态相比，短期内能耗需求均会下降，且下降幅度低于情景 S1。这表明：居民转移支付的增加量较少使得产出受损程度相对较小，能耗减少量会随之较小。长期来看，居民可支配收入越小，拉动消费需求及各部门产出的能力就越弱，相对减小的产出规模拉低能耗水平。因此，与情景 S1 相比，情景 S3 能耗水平显然较低，其中，缩减的产出规模是主要动因。

表 6－5　　　　　不考虑居民健康影响产出时各种燃油税

收入分配政策的节能效应　　　　　　　　单位:%

能源品	S1		S2		S3	
	短期	长期	短期	长期	短期	长期
石油天然气	−14.66	−7.59	2.77	1.93	−14.64	−7.62
燃油	−15.03	−8.18	1.94	1.13	−15.01	−8.21
煤炭	−10.35	−2.49	1.17	0.30	−10.33	−2.52
电力	−10.71	−3.28	1.25	0.42	−10.70	−3.31

资料来源：笔者计算所得。

5. 不考虑居民健康影响产出时减排效应。

短期内情景 S1 与情景 S3 第一红利效果明显，但长期来看，因产出回暖，减排效果变弱。情景 S3 减排效果最为明显，因节能减排投资的增多，与初始状态相比，短期 $PM_{2.5}$ 与 $PM_{10-2.5}$ 排放量大幅减少。长期来看，污染物排放增加使得空气浓度略微上升。其次是情景 S1，减排效果最差的是情景 S2。

6. 居民健康效应。

当燃油税收入分配政策减排效果越明显时，居民健康质量改善效果就越显著。短期来看，情景 S3 中因节能减排投资所带来的居民健康改善效果最为突出。其次是情景 S1，居民健康质量改善效果最差的是情景 S2，由此可见，燃油税政策手段的制定对居民健康质量至关重要，政策路径的差异会高度影响居民健康质量的改善效果。

长期来看，情景 S1 与情景 S3 对居民健康质量改善效果并不显著。这主要受劳动与资本市场的充分调整以适应燃油税收入分配政策变化的影响，各产出规模会呈现回暖态势，污染气体的排放也会相对增加。但与初始状态相比，情景 S3 仍提升居民健康质量，情景 S2 中居民健康质量会受到负面影响。可见，燃油税政策效果可能短期显著；但随着理性经济人行为的充分调整，长期效果会减弱。值得指出的是，本书尚未考虑到未来节能减排技术逐年进步，可能会低估燃油税收入分配政策的长期效果，但在分析政策效果变动上仍具有重要意义。

7. 考虑居民健康影响产出时宏观经济效应。

既然不同燃油税收入分配方式对居民健康质量的影响存在较大差异，而居民健康质量的好与坏会直接通过劳动要素供给与医疗花费支出影响着经济产出及其自身福利水平。那么，在考虑到这些健康损失（或收益）对产出的影响情况下，各种燃油税收入分配政策对宏观经济系统的冲击又会是怎么样的，本节对此问题进行深入研究。

如图 6 - 1 所示，当考虑到居民健康质量对经济产出的影响时，短期内情景 S1 与 S3 实际 GDP 仍呈现负向增长，情景 S2 实际 GDP 呈现正向增长。但相对于不考虑居民健康质量的反馈作用（见表 6 - 2）而言，尤其是在情景 S3 中，居民健康质量改善对实际 GDP 的拉动作用非常显著。

这主要归因于节能减排投资活动大幅度降低空气污染浓度，改善居民健康质量，从而拉动产出增长 1.37%。受过早死亡人数及工作损失天数的减少，劳动要素供给增加，促进了企业用劳动对其他中间投入品的替代；同时，居民健康医疗支出的减少有助于增加居民可支配收入，拉动市场需求，两者共同作用部分抵消了燃油税上调所带来的负面冲击。在情景 S2 中，将燃油税收入以降低燃油厂商所得税的形式返还时，实际 GDP 增长 1.21%，但其中居民健康质量的恶化拉低实际 GDP 约 0.01 个百分点。长期来看，受企业调整生产活动带来的产出规模扩大影响，情景 S1 与 S3 中实际 GDP 损失均在减小；同时，因节能减排效果的有限，居民健康质量对实际 GDP 的刺激效果减弱。对于情景 S3 而言，实际 GDP 下降 2.04%。值得指出的是，居民健康质量的改善会大幅度地降低医疗消费，医疗部门产出的急剧减少会部分抵消居民健康对经济产出的拉动作用。因此，情景 S3 的实际 GDP 损失是一个综合效应的结果。

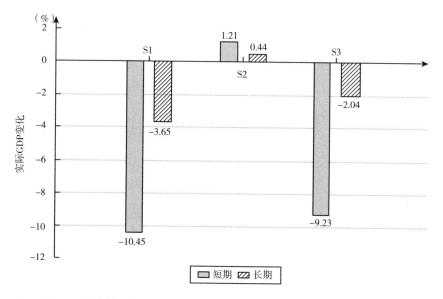

图 6 - 1　考虑居民健康影响产出时各种燃油税分配政策对实际 GDP 的影响
资料来源：笔者计算所得。

在居民总福利水平方面，当考虑居民健康质量对福利水平的影响时，如图 6-2 所示，短期内，情景 S2 仍是最优的，用 EV 衡量的居民福利水平值增加了 779.19 亿元，其中居民健康质量的恶化降低福利水平 98.13 亿元；情景 S1 中居民福利损失仍最为显著，整体福利降低 6304.40 亿元，其中居民健康质量的改善刺激福利水平增加 795.82 亿元。但长期来看，情景 S3 的居民福利改进效果是最佳的，这可能是因为燃油税政策的长期负面冲击减弱，使得居民健康质量改善的刺激效应将其负面冲击所抵消，最终，居民福利增加 2785.35 亿元。实际上，本书尚未考虑我国长期人口红利的消失，从而低估了健康质量对实际 GDP 的刺激效应。此外，值得指出的是，考虑到居民健康质量改善引起医疗支出大幅下跌，基于所有商品总消费视角下的福利水平值可能会下降，但实际上居民生活质量是改进的。因此，此处 EV 衡量的福利水平值不包括医疗健康消费的变动。

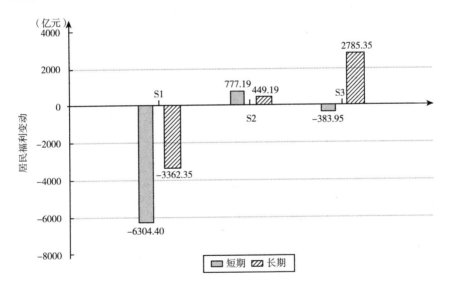

图 6-2　考虑居民健康影响产出时各种燃油税分配政策对居民福利的影响
资料来源：笔者计算所得。

不难发现，居民健康对产出的反馈作用在燃油税政策效果评价中至关重要。当不考虑其反馈作用时，情景 S2 第一红利最佳，第二红利最差；当考虑其反馈作用时，情景 S3 在第一红利与第二红利上均是最优的。若单纯地以实际 GDP 为指标，情景 S2 是最有利于经济增长的，能够实现第二红利；但节能环保与居民健康质量的改善是最差的，第一红利效应是难以保证的。这与燃油税作为环境税手段的政策初衷相违背，且无法实现双重红利效应。若从居民整体福利水平来看，情景 S3 在长期中是最优的，在节能环保与居民健康质量的改善方面也是最优的。那么，政策制定者在不改变原有单纯追求短期内经济增长目标的情况下，情景 S2 中将燃油税收入用于降低炼油企业所得税的这种做法是最可取的，但此时能源环境问题与公众健康会加剧恶化，这与经济社会可持续发展的原则背道而驰。若政策制定者以长远发展的眼光追求人与自然的和谐相处时，尽管情景 S3 中将燃油税收入分配给居民与节能减排活动机制在短期内无法增进居民福利，但长期来看，从根源上降低能耗，改善空气质量，在福利增进、环境保护及公众健康方面均是最优的。这在一定程度上也印证了第 5 章有关双重红利存在性的理论发现。

6.2 燃油税的不同征收环节比较

根据前面分析可知，考虑到居民健康对产出影响时，在给定燃油税税率情况下税收分配给居民转移支付与节能减排活动时，双重红利效果最为显著。那么，在生产环节征税、批发环节征税以及零售环节征税时，同样的税收返还路径所带来的双重红利效果有什么区别？因此，本节从燃油税的征收环节入手，在介绍国内外现有燃油税征收情况的基础上设置相应情景，并对比分析不同征税环节在中国的能源环境、健康及经济效果。

6.2.1 燃油税征收环节情景设置

燃油税的征收环节是多样化的，通常来讲，主要包括生产环节、进口环节、批发环节和零售环节。其中，生产环节的课税主体是生产燃油的厂商，进口环节的课税主体是燃油进口商，批发环节或零售环节的课税主体是燃油的批发商或零售商。见表 6－6，部分发达国家在燃油税征收环节上存在着显著的差异，而且，同一个国家对不同燃油类别的征收环节也有所不同。

表6-6　　　　　　　部分发达国家燃油税征收环节的差异

国家	征税环节
荷兰	生产环节，纳税人是生产者和进口商
美国	汽油和柴油各州征收环节不一，煤油和特殊燃料零售环节征收
日本	汽油税在生产环节征收，柴油税在零售环节征收
新西兰	汽油税在生产环节征收，柴油税通过征道路使用费实现

资料来源：根据李品芳和骆颖（2007）、王亚辉（2009）整理得出。

相对而言，我国现行燃油税只在生产环节征收，因燃油生产的90%集中在中国石油天然气集团公司和中国石油化工集团公司两个寡头手中，如此一来，征税监管难度较小。但正如前一章实证研究所发现，这可能会加重企业生产负担，除交通运输以外的部门将会承担额外税负，与成品油费改税的初衷相冲突。而且，本书第2章文献综述部分已总结过国内外学者关于燃油税征收环节的争论，因此，非常有必要研究分析在不同环节征收燃油税的政策效果。

为了探讨我国现行燃油税征收环节的优化路径，本节假设在同等的燃油税税率情况下，集中于不同课税主体的讨论。见表6-7，批发环节征税时课税主体是燃油消耗者；而零售环节征收时课税主体范围相对缩小，主要包括道路交通运输、城市公共交通运输、私人交通、家庭消费、政府消费等。需注意的是，第5章研究表明，考虑健康质量对产出的反馈影响对能源金融政策评价而言至关重要；且将燃油税税收的81%用以增加居民转移支付、剩余的用于补贴节能减排活动时，在环境与经济方面的效果会更好。为减少模拟次数，便于比较模拟结果，这里仅考虑在给定的燃油税税率下将燃油税返还给居民与节能减排活动的情形。其中，情景设置中字母"R"代表零售环节，"W"代表批发环节，生产环节征收燃油税的情景设置参见前一节表6-1中情景S3。

表 6 - 7   不同燃油税征收环节的情景设置

情景	课税对象	从量税	税收用途
SW	中间产品和家庭消费	成品油上调 0.52 元/升	将税收收入的 81% 转移给居民，剩余的用于节能减排投资
SR	主要的交通运输部门	成品油上调 0.52 元/升	将税收收入的 81% 转移给居民，剩余的用于节能减排投资

注：生产环节征收燃油税的情景设置参见前一节表 6 - 1 中情景 S3。

6.2.2　不同环节征税的双重红利效果

本节在研究不同征税环节的政策效果上，首先分析宏观经济、各部门产出、产品价格、交通出行方式及节能减排变动时，前五部分暂时不考虑健康质量对产出的反馈影响，通过与前一节情景 S3 的政策效果做比较分析，以便更加清晰地对比分析出不同环节征收燃油税的作用机制；在此基础上，在第六部分考虑到居民健康对产出的影响下分析各征税环节所带来的经济与居民福利水平最终变动情况。

1. 不考虑居民健康影响产出时宏观经济效应。

对比三种环节征税效果，我们发现生产环节征税对经济系统的负面影响最为严重，其次是批发环节征税，损失最小的是零售环节。这主要是因为征税标的物和加价程度的不同所致。具体而言，生产环节征税的本质是在燃油出厂价格的基础上加价，从源头上提高所有燃油用户的生产或消费成本；批发环节征税是指针对最终燃油消耗用途的差异而加价；零售环节征税相当于将批发环节征税对象缩减至机动车辆用油。因此，即使是同样的征收税率及税收返还路径，与批发环节相比，生产环节征税将税负更多转嫁给了所有生产部门，中间投入及要素价格大幅上升，从而生产成本进一步加重，实际 GDP 降幅更大；零售环节征税将税负仅直接转嫁给运输部门，物流成本上升在一定程度上间接加重部门生产成本，实际 GDP 损失最小，见表 6 - 8 和表 6 - 2。

表 6 - 8　　　　　　不考虑居民健康影响产出时不同燃油税

征收环节的宏观经济效果　　　　　单位:%

宏观经济变量	SW		SR	
	短期	长期	短期	长期
实际 GDP	-9.23	-3.26	-0.21	-0.08
居民福利水平[a]	-6214.46	-3171.03	-193.24	-125.53
平均工资水平	9.73	0	0.18	0
资本价格[b]	14.37	3.94	0.26	0.07
就业	0	1.1	0	0.02
资本存量	0	-4.41	0	-0.08
实际消费	-6.31	-3.19	-0.18	-0.11
实际出口	-11.29	-3.88	-0.26	-0.1
实际进口	-10.29	-3.58	-0.24	-0.091
GDP 平减指数	4.22	0.97	0.1	0.04
CPI	14.95	4.54	0.3	0.11
总税收	5.07	2.53	0.33	0.28
居民可支配收入	7.80	1.30	0.2	0.08

注:[a] 用 EV 衡量的水平值,单位:亿元;[b] 取自各部门资本价格变化百分比的均值。
资料来源:笔者计算所得。

　　对比不同燃油税征收环节的宏观经济效果,将表 6 - 8 中 SW 情景、SR 情景与表 6 - 2 中 S3 情景对比,短期来看,在批发环节征税与零售环节征税的总税收要分别比生产环节征收少 0.75%、5.49%,平均工资水平分别比生产环节低约 1.70%、11.25%,资本价格要比生产环节分别低 2.46%、16.57%。这表明零售环节征税所带来的负担最小,企业生产过程中用增加值要素对被征税加价的中间投入替代意愿最弱,要素价格上涨幅度最弱,生产成本增幅最小,从而零售环节征税的实际 GDP 降幅低于生产环节 10.39%;其次是批发环节征税,实际 GDP 降幅低于生产环节 1.37%。物价指数方面,批发环节征税与零售环节征税的 GDP 价格平减指数分别要低于生产环节 0.70%、4.82%,CPI 指数分别要低 2.59%、17.24%。在国内产品变得更加便宜的情况下,实际进出口量会分别相对上涨 1.52%、11.57%,居民实际消费量也会分别相对提高 0.97%、7.10%,居民福利水平分别相对增加 953.86 亿元、6978.08 亿元。进一步对比各征税环节短期与长期模拟结果，长期来看，随着劳动与资本要素的充分调整，实际 GDP 损失减弱。

2. 不考虑居民健康影响产出时部门产出效应。

类似于宏观经济效果，见表 6 - 9，零售环节征税时所有部门的产出损失最小，其次是批发环节征税，损失最大的是生产环节征税。其中，批发环节征税时，高度依赖燃油的高耗能工业、石油天然气开发及燃油炼制业受损最为严重；零售环节征税时，私人交通及城市公共交通损失最为严重。若进一步将表 6 - 9 和表 6 - 3 中批发环节、零售环节、生产环节的产出变动率进行对比，可以发现，与生产环节相比，批发环节征税时，高耗能工业、能源产业的产出相对上升幅度远远要超过农业、服务业等第一、第三产业；零售环节征税时，与批发环节相比，高耗能工业、能源产业的产出相对上升幅度要高于第一、第三产业。这表明由于燃油税传导效应的差异，产业结构优化效应由高向低的情景依次是生产环节征税、批发环节征税、零售环节征税。长期来看，各环节征税所带来的产出负面冲击将会减小。

表 6 - 9 不考虑居民健康影响产出时不同燃油税
征收环节对部门产出的影响   单位:%

行业部门	SW		SR	
	短期	长期	短期	长期
农业	- 9.88	- 3.35	- 0.20	- 0.05
服务业	- 6.60	- 2.70	- 0.14	- 0.05
高耗能工业	- 10.55	- 3.64	- 0.23	- 0.07
其他工业	- 11.01	- 3.54	- 0.24	- 0.08
卫生	- 3.59	- 1.45	- 0.04	0.01
石油天然气开发	- 13.41	- 7.23	- 0.49	- 0.35
燃油炼制业	- 13.18	- 7.21	- 0.54	- 0.41
煤炭	- 8.79	- 1.99	- 0.22	- 0.08
电力	- 9.32	- 2.89	- 0.21	- 0.07
城市公共交通	- 6.90	- 3.35	- 1.38	- 1.30
道路运输业	- 9.44	- 3.32	- 0.36	- 0.22
其他购置交通	- 10.60	- 4.23	- 0.21	- 0.07
私人交通	- 8.04	- 4.98	- 1.63	- 1.56

资料来源：笔者计算所得。

就具体部门产出而言，与生产环节相比，批发环节征税时，生产成本相对降低，石油天然气开发业、燃油炼制业产出相比增幅较为显著，均约为2.01%；与燃油密切相关的高耗能工业及包括汽车制造业在内的其他工业产出分别相对增长1.54%、1.61%，包括水上运输、航空运输业等在内的其他购置交通产出相对增长1.54%。对于零售环节而言，征税对象仅限于机动车用油，物流成本上升会间接加重其他部门生产成本。但与生产环节相比，其他部门生产过程中成品油价格尚未受到燃油税的直接影响，成品油市场需求上升，石油天然气开发、燃油炼制业产出相对增长幅度较大，分别为14.93%、14.65%；成品油投入比重越高的行业生产成本相对降低幅度就越高，高耗能工业、其他工业产出相对增长11.87%、12.38%；而作为零售环节征税的直接受损行业，城市公共交通、私人交通产出受损最为严重，但与生产环节相比，相对增长幅度较小；而未征燃油税的其他购置交通变得相对便宜，产出相对增长11.92%；服务业、卫生等行业一方面属于劳动密集型产业，另一方面受燃油税的影响不大，从而不同环节征收燃油税对其产出影响的差异不大，产出分别相对增长7.44%、4.11%。

3. 不考虑居民健康影响产出时主要产品价格效应。

整体而言，生产环节征税时各部门产出价格上升幅度最为显著，批发环节征税次之，零售环节征税最弱，见表6-10和表6-4。可见，生产环节征收燃油税，通过增加燃油的生产成本进而其产出减少、价格上涨的负面冲击传导到各产业部门，所有产业部门生产成本加重，产出价格大幅上涨；而批发环节征税仅通过成品油价格的上涨传导到各产业中，与前者相比，生产成本增幅降低，部门产出相对价格降低；零售环节征税仅通过机动车燃油成本的上升促使物流成本加重，从而给各部门产出带来负面冲击，作为其他用途的中间投入的燃油消费不受影响，且物流成本在部门产出中所占比重相对较小。因此，与前两个环节相比，零售环节征税时产出相对价格较低。长期来看，各环节征税下的部门产出价格趋于回落至初始水平。

表 6 – 10　　　　不考虑居民健康影响产出时不同燃油税征收环节
对主要产品价格的影响　　　　　　单位：%

行业部分	SW		SR	
	短期	长期	短期	长期
农业	14.32	4.04	0.25	0.06
服务业	15.71	5.25	0.28	0.08
高耗能工业	15.24	4.80	0.27	0.08
其他工业	14.34	3.91	0.27	0.07
卫生	13.85	3.60	0.26	0.07
石油天然气开发	15.00	4.63	0.27	0.08
燃油炼制业	20.06	9.22	0.26	0.08
煤炭	13.08	2.89	0.28	0.09
电力	13.91	3.63	0.27	0.08
城市公共交通	17.35	6.75	3.20	3.00
道路运输业	17.26	6.66	3.07	2.88
其他购置交通	19.71	8.84	0.27	0.08
私人交通	14.96	4.51	0.27	0.08

资料来源：笔者计算所得。

就具体产出价格变动而言，见表 6 – 10 和表 6 – 4，与生产环节征税相比，批发环节征税时燃油生产成本相对降低，价格相对降幅最为显著，下降约 3.51%；其次是高度依赖燃油的其他购置交通部门，产品价格相对下降 3.36%；受燃油税征收影响不大的卫生部门产出价格相对降幅最不显著，为 2.40%。零售环节征税时，价格相对降幅最为显著的仍是燃油，相对下降约 23.30%。

4. 不考虑居民健康影响产出时节能减排效应。

通过对比表 6 – 11 与表 6 – 5，可以发现，生产环节的节能效果最为显著，批发环节其次，零售环节的最弱。这与宏观经济效果相类似。长期来看，受要素市场充分调节的影响，产出效应使得各环节征税的节能效果减弱。具体而言，与生产环节相比，其他两个环节征税时燃油和石油消耗的相对增幅较为明显，煤炭和电力消耗的相对增幅相对较弱。

在污染物排放方面，与节能效果相类似，生产环节征税时，一方面，各行业部门受燃油成本上升的影响而优化产业结构；另一方面，生产环节征税所带来的税收收入较高，从而用于补贴节能减排活动的投资额度较高，减排效果最为明显；批发环节征税时的减排效果次之；零售环节征税的减排效果最弱。长期来看，随着资本与劳动要素的充分调整，经济产出回升使得减排效果减弱。

表6-11 不考虑居民健康影响产出时不同燃油税征收
环节的节能减排效果 单位:%

污染物	SW		SR	
	短期	长期	短期	长期
石油天然气开发	-12.71	-6.56	-0.49	-0.35
燃油炼制业	-13.14	-7.18	-0.54	-0.41
煤炭	-8.99	-2.21	-0.22	-0.08
电力	-9.32	-2.90	-0.21	-0.07

资料来源：笔者计算所得。

5. 居民健康效应。

整体而言，生产环节征税时健康改善效果最明显，批发环节征税次之，零售环节的最弱。短期来看，与现行生产环节征税相比，在不考虑其他政策影响下，批发环节征税时居民过早死亡人数增加，心血管疾病住院、呼吸道疾病住院、哮喘将会增多，因过早死亡及工作损失天数的相对增加，减少劳动供给量，健康医药花费也会相应增加。

6. 考虑居民健康影响产出时各环节征收燃油税政策的宏观经济效应。

当考虑前面所分析的居民健康质量通过劳动要素、居民可支配收入、卫生健康需求的变动影响宏观经济系统时，如图6-3所示，在经济产出方面，与生产环节相比，批发环节征税的经济损失相对较低，零售环节征税的经济损失最小。对此，本书解释为：一方面，零售环节征税时，受损的行业主要是交通部门，其他行业受损程度要弱于生产环节，从而整体经济损失较小；另一方面，零售环节的居民健康改善效果最弱，居民对卫生消费需求降幅较小，最终实际GDP相对上升9.19%。批发环节征税意味着在原出厂价格的基础上销售环节中的加价，相对生产环节而言，尚未加重燃油炼制业的生产成本，从而经济受损程度较小。长期来看，各环节征税时的实际 GDP 损失均呈现减少趋势，其中零售环节征税时的实际 GDP 已呈现 0.18% 的正向增长。

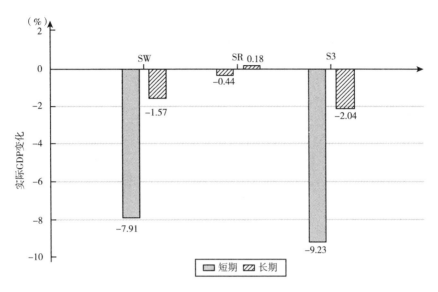

图 6 - 3　考虑居民健康影响产出时不同环节征收燃油税对实际 GDP 的影响

资料来源：笔者计算所得。

在居民福利水平上，各环节征税改善居民健康质量，加上燃油税收入的再利用，从而间接带动经济产出及居民对除卫生以外其他产品的消费需求，增进居民整体福利水平。如图 6 - 4 所示，短期内，零售环节增进效果最为明显，批发环节其次，生产环节效果最弱。但从长远发展的角度来看，随着企业生产结构的逐渐调整，燃油税征收的负面冲击逐渐减弱，加上健康质量对居民福利的反馈作用，批发环节改进效果最为明显，生产环节其次，零售环节的最弱。具体而言，与现行生产环节征税相比，批发环节征税时居民福利水平值相对增加 445.29 亿元，这可能是因为燃油使用成本加重所带来的福利损失被居民健康质量改善所带来的福利收益所抵消。零售环节征税时居民福利水平相对降低 1895.07 亿元，这可能是因为零售环节征税时居民健康质量改善效果相对较弱，对除卫生外其他产品消费需求带动效应较小，从而不足以全部抵消燃油使用成本加重所带来的福利损失，从而整体福利水平相对降低。

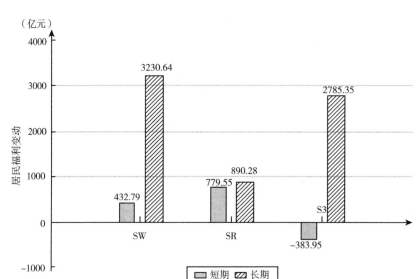

图6-4　考虑居民健康影响产出时不同环节征收燃油税对居民福利的影响

资料来源：笔者计算所得。

综上所述，当考虑居民健康对经济产出的反馈影响时，短期来看，所有环节征税都无法实现促进经济增长的"第一红利"；但相对而言，零售环节的经济损失最小，居民福利水平也是最高的。但从长期来看，随着生产结构的充分调整，批发环节征税尽管会损害经济增长，但其居民福利增进水平是最为显著的。正如前面解释的，居民健康质量的显著改善会大幅降低卫生部门的需求，从而间接地将批发环节征税的经济红利部分抵消掉。因此，从长期来看，批发环节征税对经济增长的负面冲击是一个综合性结果。若单纯地仅从经济增长方面来判断征税环节的优劣，这必然是不科学的。若从真正以人为本、增进居民福祉的视角，双重红利效应不仅仅包含环境保护与经济增长的效应，还应该考虑居民福利水平的变动。如此一来，批发环节征税才是值得推荐的，能够成为建设绿色中国的有力保障。

6.2.3　三种环节征收燃油税的效果对比分析

基于前面对燃油税不同征收环节效果的分析研究，我们从经济方面进行重点总结，可以得出：第一，在对经济的损害程度上，在生产环节或批发环节征收燃油税时，大部分企业将承受额外负担，宏观经济负面冲击会更大些，因此，生产环节（含进口环节）＞批发环节＞零售环节；第二，在物价指数上，各环节征税因征税对象范围的差异造成物价上涨程度的差异，如生产环节征税使得所有企业将间接承受税负，致使物价上涨较快，即生产环节（含进口环节）＞批发环节＞零售环节；第三，在产业结构优化效应上，由于燃油税传导效应的差异，生产环节（含进口环节）＞批发环节＞零售环节。

鉴于燃油税是能源金融主要政策手段之一，非常有必要考虑其能源、环境及健康方面的效果，这也是应对当今环境污染挑战的重要内容。第一，从节能环保上来看，生产环节（含进口环节）＞批发环节＞零售环节；第二，从居民健康改善来看，环境质量改善效果越好，居民健康质量改善效果就越明显，即生产环节（含进口环节）＞批发环节＞零售环节；第三，从健康改善对经济的反馈作用来看，即当考虑到居民健康对产出的影响时，各环节征税对经济的影响程度比较结果又会有所不同，零售环节因健康改善相对效果弱致使卫生医疗消费需求降幅相对较低，从而造成整体经济损失程度较低；生产环节则因卫生医疗需求降幅相对较高，整体经济损失程度较高；即零售环节＞批发环节＞生产环节（含进口环节）；第四，从健康改善对居民福利的影响来看，居民健康质量的改善，加上燃油税税收收入的返还，增加居民可支配收入，带动除卫生医疗以外的消费需求，以弥补征税所带来的负面效应，从而相对增进居民福利水平，即批发环节＞生产环节（含进口环节）＞零售环节。

燃油税本身是一种税制，若基于宽税基、广覆盖的视角，生产环节（含进口环节）或批发环节征税的覆盖范围要显著大于零售环节；若基于最小征收成本的视角，正如韦坚（2007）所言，生产环节（含进口环节）

和批发环节征税因国内成品油市场垄断局面而便于操作，而零售环节征收易出现漏税现象，即零售环节征收成本要明显高于生产环节与批发环节；在税改原则上，零售环节和批发环节征收，完全符合我国"消费型增值税"的税制发展方向。

因此，综合考虑经济指标、居民福利指标、能源与环境健康指标及其他指标，在给定的税收返还方式下，见表6-12，批发环节征收燃油税在三种征收环节的综合效果中是最优的。

表6-12　　　　　　　　　燃油税不同征收环节的效果对比

分类	内容	批发环节	零售环节	生产环节（含进口环节）
经济角度	对经济的损失程度	xx	x	xxx
	物价指数上涨	xx	x	xxx
能源环境及健康角度	节能环保	xx	x	xxx
	居民健康改善	xx	x	xxx
	健康改善对经济的作用	xx	xxx	x
	健康改善对居民福利的作用	xxx	x	xx
其他角度	广税基原则	xx	x	xx
	最小征收成本原则	xx	x	xx
	税改原则	xx	xx	x

注：x的个数代表着对应指标政策效果的明显程度。x代表不显著；xx代表中等；xxx代表显著。

6.3　燃油税的不同税率比较

根据前面分析可知，将批发环节征收的燃油税一部分返还给居民，剩余的用于节能减排活动补贴，其在双重红利方面的政策效果较好。那么，在此基础上，上调或下调燃油税税率会对经济增长、政府税收、节能环保、公众健康及居民福利大致会有怎样的影响？因此，本节从税率入手，对此问题进行深入探讨。

6.3.1　燃油税税率情景设置

在我国成品油消费税税率上，2014～2015 年历经四次上调。中国石油经济技术研究院发布的数据显示：2015 年，中国大陆燃油税占汽油价格的 30.46%，美国占 11.22%，德国占 56.92%，日本占 39.30%，中国台湾占 26.31%，如图 6－5 所示。由此可见，我国燃油税相对于其他发达国家而言税率仍偏低。作为能源金融主要政策手段，前面研究已证实燃油税在环境保护方面的效果。尤其在我国严峻的环境污染挑战下，严格的燃油税政策对经济、能源、环境及健康的影响研究是迫切需要的，以便政策制定者提供借鉴依据。为此，本节首先设置三档税率，见表 6－13，数字"1""2""3"分别代表不同等级的燃油税税率，字母"W"代表批发环节征税；然后，研究批发环节征税并将收入用于补贴居民与节能减排活动时燃油税税率变动对经济环境及居民健康的影响。

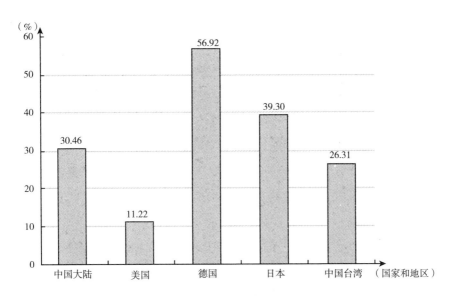

图 6－5　2015 年各国（地区）汽油价格中燃油税占比

资料来源：http://paper.people.com.cn/zgnyb/html/2015－08/17/content1600302.htm。

表 6 – 13   不同燃油税税率的设置

情景	课税对象	从量税	税收用途
SW1	中间产品和家庭消费	上调 0.5 元/升	将税收收入的 81% 转移给居民，剩余的用于节能减排投资
SW2	中间产品和家庭消费	上调 1 元/升	将税收收入的 81% 转移给居民，剩余的用于节能减排投资
SW3	中间产品和家庭消费	上调 1.5 元/升	将税收收入的 81% 转移给居民，剩余的用于节能减排投资

资料来源：笔者计算所得。

6.3.2 不同税率的双重红利效果

为了回答有关燃油税税率上调后经济、环境及居民福利可能受损的担忧，为减少模拟次数，本节主要从宏观经济、节能减排效果及居民健康质量三方面入手研究税率变动的长期政策效果。鉴于前文已经证实了居民健康对经济产出的影响在政策评估中重要性，本节对此不再进行赘述，在评估政策效果时考虑了居民健康对产出的反馈影响。

1. 宏观经济效应。

当考虑到居民健康质量对经济产出影响时，见表 6 – 14，不同燃油税税率对经济的影响呈现近似线性关系。即当燃油税税率提高 1 倍时，在给定的税收返还情景下，情景 SW2 实际 GDP 降低 2.99%，将略小于情景 SW1 中实际 GDP 损失的 1 倍。这主要是因为上调税率所增加的税收收入用于补贴居民及节能减排活动，从而间接地改善居民健康质量，刺激居民消费需求，弥补了原有实际 GDP 的损失，且税率上调越高（如与情景 SW1 相比，情景 SW3 税率上调 2 倍时），对 GDP 损失的弥补作用就越大。因此，随着燃油税税率的上调，实际 GDP 的边际损失是递减的。此外，伴随经济损失的边际递减，情景 SW2 居民可支配收入增长 2.79%，略大于情景 SW1 中可支配收入涨幅的 1 倍；实际进口与实际出口损失边际递减。对于政府而言，税率的上调必然会增加政府收入，总税收增幅从情景 SW1 的 3.78% 增长到 SW2 的 7.71%。

表 6 – 14	不同燃油税税率的宏观经济效果		单位:%
宏观经济变量	SW1	SW2	SW3
实际 GDP	− 1.51	− 2.99	− 4.42
居民福利水平	3.06	6.08	9.07
资本价格	3.88	7.83	11.97
就业	1.32	2.61	3.87
资本存量	− 2.54	− 4.97	− 7.31
实际消费	3.28	6.52	9.74
实际出口	− 2.43	− 4.69	− 6.8
实际进口	− 1.89	− 3.65	− 5.32
GDP 平减指数	2.73	5.50	8.30
CPI	4.44	8.98	13.62
总税收	3.78	7.71	11.79
居民可支配收入	1.39	2.79	4.19

资料来源：笔者计算所得。

在所有宏观经济指标中，税率上调带来的变化中最为明显的是居民福利水平。随着燃油税税率的上调，居民福利水平均呈现增进态势。见表 6 – 14，由 EV 衡量的居民福利增进幅度从情景 SW1 的 3.06% 上升到情景 SW2 的 6.08%。而且，值得注意的是，社会福利水平的增进幅度要系统地大于实际 GDP 的变化[①]。燃油税税率的上调一方面通过市场价格机制更为严格地调节能源使用行为，起到节能的效果；另一方面所增加的税收收入用于补贴节能减排活动，有助于改善居民健康质量，增加可支配收入，刺激实际消费，从而居民福利水平是增进的。这说明，若单纯从 GDP 的变化来看，燃油税的征收确实会对经济增长造成一定的负担，且这种负担是随着税率的逐渐上调而边际递减；但是如果考虑到节能环保效应及居民健康对经济产出的反馈影响时，居民福利水平是增进的。

---

① 本书在测量居民福利时尚未考虑医疗卫生消费的变动，主要是因为空气质量的改善会大大降低医疗消费需求，基于所有商品消费视角下的福利水平值是减少的，但实际上是增进居民福利的；而实际 GDP 测量中考虑了卫生部门的产出变化。一旦上调燃油税税率，空气质量将会改善，健康水平的提高会刺激经济产出，增进居民福利水平，但会降低卫生部门产出，部分抵消了其他部门正向的产出效应；因此，实际 GDP 变化幅度必然会较小。

因此，若政策制定者的目标导向集中在以人为本、增进居民福祉上，上调燃油税税率是值得推荐的一项政策手段；但考虑到所增加的经济损失，税率上调还是需要慎重考虑的。总之，燃油税税率上调后的边际 GDP 损失递减结论仍是具有参考意义的。

在价格指数方面，燃油税税率提高 1 倍时，情景 SW2 中 CPI 和 GDP 平减指数变化率均会高于情景 SW1 中变化率的 1 倍。这表明，上调批发环节燃油税税率这一举措将通过中间投入品及居民消费等环节价格传导机制的放大效应，使得消费品物价指数 CPI 大幅度上涨，进一步加剧中国通货膨胀。这也是需要政策制定者在上调燃油税税率时所需要注意的。

2. 节能效应。

在节能方面，如图 6 - 6 所示，当燃油税税率提高 1 倍时，在给定的税收用途下，情景 SW2 中燃油消费降低 13.12%，略低于情景 SW1 中成品油消费降幅（6.93%）的 1 倍；同样地，对于煤炭而言，消耗总量降低 4.17%，低于情景 SW1 中煤炭消费降幅（2.12%）的 1 倍。由此可见，随着燃油税税率的上调，通过价格机制会加重燃油使用成本，激发生产企业的节能动机；但这也会改善空气质量及居民健康质量，部分抵消生产成本加重对经济产出的负面冲击；从而基于一般均衡视角的最终燃油节能效应将会边际递减。值得说明的是，本书情景设置中燃油税收入分配给企业的节能减排投资主要用于去除环境污染排放，尚未考虑节能投资。但实际普遍做法是将节能减排投资用于节约能源与减少排放两方面，如此一来，燃油税税率上调所带来的节能效应边际递减程度会不明显，也可能会呈现节能边际递增的效果。就能源类别而言，征收燃油税使得成品油的节能效应最为显著，其次是处于燃油生产链上端的石油天然气，煤炭消费的降幅最弱。在我国，受国内石油储量和产能的约束，中国原油进口增长非常快，从 1996 年的 2261 万吨迅速增加到 2010 年的 2.35 亿吨，对外依存度高达 53.79%，能源安全问题突出（魏一鸣等，2012）。因此，燃油税税率的上调有助于节约能源，缓解能源安全问题。

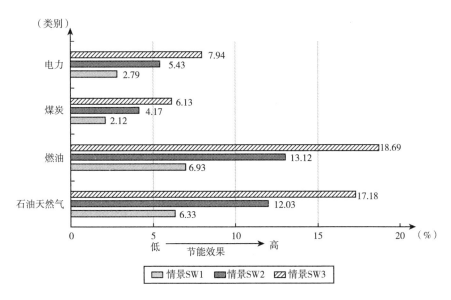

图 6-6　不同燃油税税率的节能效果

资料来源：笔者计算所得。

3. 减排效应与居民健康效应。

在减排方面，当燃油税税率提高 1 倍时，在给定的税收返还情景下，情景 SW2 中 $PM_{2.5}$ 与 $PM_{10-2.5}$ 浓度均会降低，下降幅度均高情景 SW1 中两种污染物浓度降幅的 1 倍。同样地，当税率提高 2 倍时，情景 SW3 中 $PM_{2.5}$ 与 $PM_{10-2.5}$ 浓度下降幅度均高于情景 SW1 中的 2 倍。这表明：随着燃油税税率的上调，减排效果是边际递增的。这主要是因为燃油税上调抑制能源过度消耗行为的同时，增加的税收收入用于补贴节能减排活动会进一步促进减排效应，实现了能源税政策逆向约束与正向激励的结合，有利于空气质量的提升。

由于本书采用线性的暴露—反应模型，公共健康效应与减排浓度呈线性关系。因此，在公众健康质量方面，居民健康质量改善程度也会随着燃油税税率的上调而边际递增。当燃油税税率提高 1 倍时，情景 SW2 中因大气污染致使的急性死亡与慢性死亡分别减少，均会高于情景 SW1 中急性死亡与慢性死亡减少人数的 1 倍，其他健康终端（如呼吸道疾病住院、心血管疾病住院、工作损失日、哮喘等）也是如此。随着税率的上调，健康质量改善效果就会越显著。尤其在我国燃油税改革的进程中，2014～2015 年四次上调税率若从改善居民健康质量的视角推进燃油税改革，在一定程度上有助于降低燃油税税率上调的阻力。

6.4 本章小结

针对我国现行燃油税政策损害经济增长的现实以及能源税政策存在"双重红利"效应的理论发现，本章从燃油税税制的税收用途、征收环节、税率大小入手，通过运用一般均衡分析框架，研究分析各种燃油税政策对宏观经济、能源消耗、环境质量、居民健康及福利水平的影响，从而实证上探讨我国燃油税政策的优化路径。

研究发现：第一，在税收分配方面，情景 S2 中将税收收入用于降低燃油厂商所得税时，经济增长与居民福利水平的效果是最优的，但在环境及居民健康质量方面是效果最差的；情景 S3 则相反，即将 81% 税收收入返还给居民、剩余的用以补贴节能减排活动时，经济增长效果是最弱的，但在环境及居民健康质量改善方面是最优的。但当考虑到居民健康对产出的反馈影响时，情景 S3 的经济增长、环境质量及公众健康效果均是在本书所研究的情景中最优的。第二，在征税环节方面，当考虑居民健康质量对经济产出的反馈影响时，批发环节征收燃油税对居民整体福利水平的影响要优于其他环节。第三，在税率方面，当考虑居民健康质量对经济产出的反馈影响时，税率的不断上调尽管会加重经济损失，但其损失程度边际递减；减排效应边际递增，而且，居民福利水平是随之增进的。

总之，我国现行燃油税政策仍具有优化的空间。作为能源金融手段，燃油税有助于保护环境的第一红利是能够实现的，在优化产业结构与交通方式绿色出行方面均有着显著的效果。但长期来看要素市场能够充分调整，节能效应会打折扣。尽管征收燃油税会损害经济增长与居民福利水平，但通过税收分配政策起到不同程度的抵消作用，第二红利是能够实现的。征税环节方面可考虑批发环节。征税税率上仍有提高空间，在将税收收入用于补贴居民及节能减排活动时，上调燃油税税率尽管会损害经济增长，但仍会增进居民整体福利。在中国目前能源环境挑战日益棘手的阶段，征收燃油税通过价格机制调节能源消费行为，实现节能减排，这是必然选择，也是既定趋势。但在尽量降低征税所增加的经济负担方面，燃油税收入分配政策以税收收入返还给居民与节能减排活动的方式起到积极降低经济损失的作用，改善居民健康质量，增进居民福祉，才能真正实现经济增长与环境改善的协调发展。

第7章
结论与展望

在中国环境污染严重与经济增速放缓的背景下，如何实现经济与能源环境协调可持续发展，是能源税领域中值得研究的重要课题，也是政策制定者十分关注的问题。然而到目前为止，对能源税能否实现经济增长与环境保护的"双重红利"效应的讨论，无论是在理论上还是实证上均没有明确定论。因此，考虑到燃油是主要的能源消耗与污染排放源之一，本书基于燃油税的视角，从理论和实证两个层面探讨"双重红利"效应的存在性与实现路径。

具体而言，本书以 CGE 模型为基础，构建了能源—环境—健康—经济的一般均衡分析框架，定量化分析了 2010 年中国能源消耗所带来的大气污染、居民健康、宏观经济及居民福利水平等损失，以此反映能源金融政策制定与改进的迫切性，也同时凸显了本书采用居民健康影响经济产出视角的重要性。首先，作为有关燃油的能源税政策，我国现行燃油税政策应对上述经济与环境双重损失的效果如何，对此进行定量化评估，并评价其在处理经济与环境关系上的不足之处，为燃油税政策的优化提供实证基础；其次，通过构建理论模型，从理论上探讨当考虑到居民健康对经济产出的反馈作用时能源金融政策双重红利假说的存在性，为燃油税政策的优化提供理论基础；再其次，分别从税收用途、征税环节及税率入手实证研究分析我国燃油税政策优化路径在能源、环境、居民健康及经济系统的影响，以期实现"双重红利"效应，促进经济社会的健康可持续发展；最后，通过全书综合分析，归纳出主要研究结论，并得出了相应的政策启示。

7.1 主要研究结论

归纳起来，全书的主要研究结论有以下七个方面的内容。

（1）随着我国现代化进程的加快，能源过度消耗不仅导致环境污染，还威胁到居民健康以及宏观经济正常运转。

我国大量能源消耗支持了 40 多年经济的高速增长，成就了世界增长奇迹。然而，过度能源消费也带来了严重的环境问题。由于环境污染问题严重，我国前 10 余年雾霾天气大范围持续性地笼罩着大部分地区，严重威胁公共健康、居民日常生活以及经济的正常运转。对此，我们运用一般均衡分析框架进行定量化评估，研究发现，在采取任何节能减排政策的情形下，2010 年，我国大气污染对居民健康会造成负面影响。从一般均衡的视角，医疗支出的增加挤占居民其他商品和服务的消费量，加上劳动供给量的小幅度减少，整体福利水平和实际 GDP 也会受到一定的负面冲击。

虽然中国的经济连续多年保持了 10% 以上的增长水平，但在这种经济高速增长的背后存在着深层次的结构性矛盾，经济发展受资源、环境及公众健康问题的约束日益突出。如果一直延续着这种以能源消耗为代价的经济增长方式，那么，随着经济的增长，我国能源消耗持续增加，环境质量、公众健康、经济生产以及居民福利将面临严重的威胁。换言之，我国能源消耗所带来的环境质量及居民健康问题已成为威胁经济社会可持续发展的重要隐患。研究结论可以提高政府与公众的环境保护意识，从而有助于加快推进能源税政策的实施与优化。

（2）我国现行燃油税政策有助于环境保护，但会损害经济增长与居民福利水平，无法实现"双重红利"效应；而且，随着时间的推移，受产业结构充分调整的影响，节能减排效应会有所减弱。

面对当前我国环境污染与经济增长的双重压力，作为主要能源金融政策手段之一的现行燃油税政策节能减排效果是显著的，确实发挥了能源金融政策的节能减排效果，改善居民健康质量，实现了第一红利效应。而且，随着时间的推移，从长期来看，当前燃油税政策的减排效果会随着产业结构的充分调整而减弱。

但对经济增长的影响而言，现行燃油税政策助推了物价上涨，不利于通货膨胀的控制；而且，因征税加重企业生产负担，抑制生产积极性，经济产出仍呈现负向增长；居民因物价上涨、经济产出下降及健康质量恶化的冲击，整体福利水平会降低。可以说，尽管我国现行燃油税税率不断上调，但仍无法实现不损害经济增长的第二红利效应，难以实现帕累托改进。因此，作为有关燃油的能源金融手段，我国现行燃油税税制并不是一项可持续的减排手段，亟须优化与改进，力图能够实现促进经济增长与保护环境的"双重红利"效应。

（3）当考虑公众健康对经济产出的影响时，将能源税收入用以补贴居民与节能减排活动的能源税政策是能够获得双重红利的。

面对我国环境保护与"中等收入陷阱"风险的双重压力，能源税的改革在不损害经济增长的同时实现环境保护才是最为理想的结果。既然我国现行燃油税税制的环境保护效应已被证实，但宏观经济效果却仍是负向的。因此，基于能源税的视角，通过理论模型的构建及分析，我们发现：当考虑公众健康对经济产出的影响时，在给定能源税税率的条件下，将能源税收入分配给居民与节能减排活动，能够在保护环境的同时提升居民健康水平，提高劳动力质量从而进一步促进人均产出增长，并增进居民福利水平。因此，在考虑到居民健康对经济产出影响时，能源税收入的合理分配在处理环境与经济的关系上起到至关重要的作用。

从能源税收入用途的决策目标来看，将能源税收入用于补贴居民与节能减排活动的分配机制，是能够分别实现人均产出最大化与居民福利最大化的。也就是说，这种分配机制能够将能源税征收所带来的经济与福利损失降低到最低水平，从而获取了双重红利。因此，基于环境保护与经济增长的双重红利，将能源税税收分配给居民与节能减排活动才是一项明智之举。

（4）在中国现实国情下，能源税收入用于补贴居民与节能减排活动的分配机制无法同时满足人均产出最大化与居民福利最大化；而且，随着社会经济的发展，最优分配机制也在不断变化。

结合中国实际情况，理论模型所推导出的能源税收入最优分配比例存在人均产出最大化与居民福利最大化的目标冲突，即能源税分配无法同时满足这两项目标。当分配机制能够实现稳态条件下的人均产出最大化时，此时需要上调能源税收入对居民的补贴比例，才能实现居民福利水平的最大化。因此，具体的能源税分配机制设置取决于政策制定者对经济产出与居民福利的决策偏好。

此外，研究发现：在给定的能源税收入分配政策条件下，当我国未来资本产出份额下降或者健康对劳动生产的影响程度上升时，能源税收入对节能减排活动的最优补贴比例会上升；当污染危害健康程度下降时，能源税收入对节能减排活动的最优补贴比例会下降。也就是说，随着经济社会的发展，分配比例也会需要适时地进行调整，才能继续保持人均产出最大化或居民福利水平最大化。研究结论对能源金融政策的调整具有指导意义。

（5）当考虑公众健康对经济产出的影响时，将燃油税收入用以补贴居民与节能减排活动的分配机制在环境保护与增进居民福利方面的效果可观。

鉴于燃油税是有关燃油消耗的主要能源税政策，运用一般均衡分析框架对中国燃油税政策优化效果进行实证研究。研究发现：燃油税推动物价上涨，的确损害经济增长与居民福利水平，但通过价格机制，有效调节市场主体行为，有助于交通方式的绿色推广与各行业节能减排。若从能源税的双重红利方面来看，将燃油税收入用于降低燃油厂商所得税时，在经济增长与居民福利水平方面是最优的，但在环境及居民健康质量方面来看是效果最差的，应慎重抉择；但考虑到居民健康对产出的反馈影响时，将能源税收入用以补贴居民与节能减排活动的环境质量改善效应与居民福利增进效应在本书所设置情景中均是最优的。由此可见，公众健康对经济产出的影响考虑与否直接关系到最优能源税政策的路径选择。

燃油税不仅仅是交通部门"费改税"的结果，更是节能减排、促进环境保护的重要手段。那么，在空气污染威胁居民健康的现阶段，若要更关注居民福祉与生态环境，将燃油税收入用以补贴给居民及节能减排活动是一项值得推荐的能源税手段。

（6）综合双重红利效果、居民健康质量及征税其他原则，批发环节征收燃油税要优于生产环节（含进口环节）和零售环节。

在将燃油税收入用于补贴居民收入与节能减排活动的给定用途下，从征税环节入手讨论燃油税税制的双重红利效果。研究发现：在考虑居民健康质量对经济产出的反馈影响时，批发环节征税对居民福利水平的影响是要优于生产环节（进口环节）和零售环节。而且，基于宽税基、征税成本等视角，批发环节征收燃油税的影响要优于其他两个环节。因此，倘若能源税政策制定的目标是居民福祉最大化，批发环节征收燃油税才是以人为本的根本体现。

（7）随着燃油税税率的上调，经济损失边际递减，减排效应边际递增，居民福利水平是会增进的。

在税率方面，上调燃油税税率，会加大通货膨胀的风险。尽管税率上调会加重经济增长受损，但其损失程度边际递减；而且，减排效果是以边际递增的方式提升；若考虑到居民健康对经济产出反馈影响时，居民整体福利水平是随之增进的。因此，基于经济增长与环境保护的双重红利视角，考虑到居民健康对经济产出的影响时，我国燃油税税率仍有上调的空间。

7.2　主要政策启示

面对环境污染的严峻形势，2013 年，国务院印发《大气污染防治行动计划》的通知，力争到 2017 年，全国地级及以上城市 PM_{10} 浓度比 2012 年下降 10% 左右，优良天数逐年提高。根据《中国生态环境状况公报》，截至 2019 年，我国地级及以上城市 PM_{10} 年平均浓度为 63 微克/立方米，与 2012 年相比下降了 24%，大气污染防治取得了十分显著的成效。尽管如此，环境污染治理仍任重而道远，需要进一步推进。2014 年，我国政府在新《环境保护法》中将保护环境纳入国家的基本国策，明确规定国家应采取保护和改善环境、促进人与自然和谐的经济技术政策措施。然而，真正处理好经济发展与生态环境保护的关系，不仅仅限于法律层面的规定，更是一项系统性的事业，需要从企业实施、市场驱动、公众参与多方面入手。其中，围绕能源税政策手段探讨实现经济增长与环境保护的双重红利效应是目前学术界以及政策制定者所关注的重要课题。本书根据我国现行燃油税征收现状，并结合主要结论，得出以下六点主要研究启示。

（1）合理认识公众健康质量对经济产出与居民福利的作用，这是制定科学、切实、可行的能源税政策必不可少的环节。

公众健康是一种个人经济生产能力，在推动经济的持续增长上发挥着重要作用。而且，过早死亡、生病等健康效应会直接影响劳动市场供给、可支配收入，从而对经济系统的影响是巨大的。本书研究表明大气污染与实际 GDP 以及居民福利之间是存在冲突的，这可以用潘家华（1997）的"环境保护与经济发展权衡"观点来解释。过去我国经济增长忽略了环境因素，造成了严重的大气污染问题，这说明环境保护与经济增长之间存在此消彼长的关系，且这种关系只能在某一限度内存在；同时，环境质量的恶化直接影响居民健康质量，从而造成经济增长的损失。因此，本书客观地反映了我国保护生态环境、治理环境污染的重要性。

环境保护事关人民群众根本利益，必然会上升到事关全面建成小康社会、建设美丽中国的战略层面。

更重要的是，合理认识居民健康对经济产出与居民福利的影响直接关系到一项能源税政策的效果评估结果。倘若在不考虑居民健康对经济产出的反馈影响时，本书发现将燃油税收入用以降低炼油企业所得税时，无论是在经济增长还是居民福利水平上均是最优的，但其在改善环境质量方面是最差的，从而得出无法实现双重红利效应的结论；倘若考虑到居民健康对经济产出的影响时，在本书所探讨的收入分配情景中将燃油税收入用以补贴居民与节能减排活动所带来的环境质量、居民福利水平改善效果是最优的。也就是说，从更多关注人类福祉的角度来看，"双重红利"假说仍是存在的。因此，居民健康对经济产出影响考虑与否直接关系到政策制定的合理性与有效性，这一点在能源税政策效果评估中是至关重要的。

（2）征收能源税并将其收入用于补贴居民及节能减排活动的能源税政策能够发挥逆向约束与正向激励的双重作用，实现"双重红利"效应。

我国传统的节能减排政策通常是行政命令式的，由于污染行业缺乏在规定的减排标准之外进一步减排的激励，因而在经济上也是加重企业成本，产生经济损失。在环境保护上它也是低效率的。例如，到目前为止，我国环保措施主要是以收费为主、征税为辅，配套措施并不健全。再如，我国于2009年开征燃油税，《通知》指出，我国燃油税收入按照顺序依次分配给公路养路费、航道养护费、公路运输管理费、公路客货运附加费、水路运输管理费、水运客货运附加费六项开支，补助各地取消政府还贷二级公共收费，补贴农民种粮以及公益活动等。然而，燃油税不仅仅是费改税的结果，更是节能减排、保护环境的能源税政策手段，但我国现有燃油税收入分配机制尚未真正体现出环境保护的正向激励作用。

本书基于理论研究发现：在既定能源税税率情形下，能源税收入的分配是实现经济增长与环境保护双重红利效应的重要途径，合理使用能源税收入可以在最大限度上降低能源税征收所带来的经济损失与居民福利损失。例如，将能源税收入用于增加居民转移支付，以降低因征税所带来的收入损失；它还可以用于奖励积极采用新节能减排技术并达到环保标准的企业，甚至对于那些受能源税影响较大的能源密集型企业在其做出节能减排规划的前提下给予税收返还的短期支持。当然，能源税收入的一大用途是继续用于绿色环保支出，如专门用于研发新能源汽车等新技术、提高传统汽车燃油经济性、鼓励公交车出行等节能行为。如此一来，能源税政策手段将能源税征收与收入分配相结合，这也符合《大气污染防治行动计划》中的"谁污染、谁负责，多排放、多负担，节能减排得收益、获补偿"的原则，通过市场机制促进节能减排和推动经济发展方式加快转变，实现经济社会发展与环境保护相协调。

（3）能源税收入在居民与节能减排活动之间的补贴比例取决于政策制定者的决策偏好，并需要根据实际情况的差异进行相应调整。

过去我国片面地追求国内生产总值的无限增长，把它作为经济社会发展的唯一尺度，经济总量和经济数量增长压倒一切，在考核领导干部的标准中把经济产出作为评估政府官员的业绩，从而导致各级领导干部单纯追求经济增长指标，而忽视更为重要的健康、环境、居民福祉等指标。可以说，政策制定者的决策偏好在实现经济与环境协调发展方面处于非常重要的地位。

本书发现，能源税收入用于补贴居民与节能减排活动的分配机制无法同时满足人均产出最大化与居民福利最大化。若政策导向由原有的唯GDP论向增进居民福祉转变，能源税收入用于补贴节能减排活动显得非常重要，其补贴比例至少在80%以上。尽管这一举措可能会放慢经济增长速度，无法实现稳态条件下的人均产出最大化，但会增进居民福祉，这才是以人为本、构建和谐社会的根本体现。

此外，能源税收入在居民与节能减排活动之间的最优补贴比例会随着资本产出份额、污染对健康的影响以及健康产出效应的变动而改变。

我国幅员辽阔，东中西部存在较大的地区差异，施行一刀切的税收分配机制在经济上往往是无效的。因此，建议在中央政府统筹制定统一的能源税收入分配机制的前提下，地方政府应该根据当地的实际情况，因地制宜，可以适当调整具体分配比例，从而兼顾各地区经济增长、居民福祉增进与环境改善。同时，随着现代化进程的推进，经济社会的实际情况经历着日新月异的变化，能源税收入分配机制也需要根据经济社会发展的实际情况而逐渐调整，因时制宜，才能保持居民福利水平最大化的最优状态。

（4）构建燃油税收入用于补贴居民与节能减排活动的分配机制，并实现税收用途公开化、透明化。

自 2009 年开征燃油税以来，新增燃油税具有专项用途，用于替代养路费、偿还修路贷款等，不作为经常性财政收入。根据我国财政部公布的 2014 年中央对地方税收返还和转移支付决算表显示，中央对地方转移支付中的成品油税费改革转移支付 740 亿元，中央对地方税收返还中的成品油税费改革税收返还 1531 亿元。[①] 也就是说，与燃油税费改革相关的中央对地方的转移支付与税收返还共计 2271 亿元。

尤其在当前生态环境质量与经济增长的双重压力下，燃油税收入的再分配直接关系到经济与环境的协调发展。本书实证发现：相对于现行燃油税政策而言，将燃油税收入用于补贴居民与节能减排活动会在降低经济损失的同时，改善环境质量，增进居民福祉。因此，基于增进居民福祉的角度，将税收用于返还给居民收入与节能减排活动，降低原有征税的经济损失，改善环境质量，增进居民福利，才能实现人与自然的和谐相处。而且，还要做到税收用途的公开透明化，能够让纳税人及时了解税收去向，使燃油税税制更加科学化、规范化，也有助于调动燃油税征收的积极性。

（5）选择适当时机在批发环节征收燃油税，能够有效兼顾经济增长

---

① 资料来源：中华人民共和国财政部预算司，http://yss.mof.gov.cn/2014czys/201507/t20150709_1269837.html。

与环境保护，有助于增进居民福祉。

我国现行燃油税是在生产环节（含进口环节）征收。但本书实证发现：当考虑到居民健康对经济产出的影响时，在给定的燃油税收入用于补贴居民与节能减排活动的情况下，现行的生产环节征收方式会直接加重企业生产成本，造成较大的经济损失；而批发环节征税在降低原有征税所带来经济损失的同时，居民整体福利水平的增进效果也是最佳的。也就是说，现行燃油税征收环节仍存在优化的空间，批发环节征税是一项值得推荐的政策手段。

（6）在批发环节征收燃油税并将税收用于补贴居民与节能减排活动的条件下，建议适当范围内上调燃油税税率。

随着现代化进程的加快，我国燃油税税收负担的高低一直是难以定论的话题。但是，根据本书的实证研究，我们发现，当考虑到居民健康对产出的影响时，在适当的征收环节与税收用途设定下，适当上调燃油税税率有利于增进居民福利水平，经济损失边际递减。但值得注意的是，随着燃油税税率上调，不仅会加剧通货膨胀压力，而且会损害经济增长。因此，燃油税的税率上调可以作为一项减排手段来实施，但其并不应该作为实现双重红利效应的首选手段，其具体上调额度需要决策者更为慎重。

综上所述，针对我国当前经济增长与环境保护的矛盾日益突出，环境污染威胁着居民健康质量并成为经济社会可持续发展的重要隐患。因此，处理好经济与环境的关系在我国加快现代化进程中显得至关重要。就能源税政策而言，需要将能源税征收与税收收入再分配结合，实现激励与约束相统一的双重税制体系，而且还要根据我国各区域具体情况，适当调整税收收入分配机制，并要加快推进燃油税改革进程，从征收环节、税收用途以及税率方面去优化现行燃油税政策，在尽量降低经济损失、增加居民福祉的同时，改善生态环境质量，实现我国环境与经济协调融合，为推进绿色发展、建设美丽中国提供持久的动力和保障。

7.3 未来研究方向

尽管本书已经就燃油税政策双重红利效应进行了深入的理论与实证分析，得出了一些有价值的结论和政策启示，但仍然存在诸多不足和有待改进的地方，具体而言有以下四个方面。

第一，居民健康质量对经济产出的影响评估贯穿着全书，但本书只关注 $PM_{2.5}$ 与 $PM_{10-2.5}$ 两种污染源。受数据可获性的限制，本书尚未考虑类似 O_3、SO_2 等污染物，使得本书会低估居民健康损失，间接影响燃油税政策效果的评估。这是未来值得拓展的研究方向。

第二，本书初步尝试在燃油税政策效果的评估中引入居民健康质量对宏观经济系统的反馈机制，但只是评估了燃油税政策的短期与长期效果。由于某一政策情景在每一个时间点上所评估出的居民健康效应需要反馈给宏观经济系统，也就是说，评估每个时间点上的政策效果需要进行二次模拟。因此，受笔者建模能力所限，本书尚未采用动态递推的方式进行研究，也尚未考虑技术进步及未来新能源技术推广的影响，这应该是未来值得深入研究的方向之一。

第三，本书从理论上证实了能源税征收与收入返还相结合的能源税政策能够实现双重红利效应，但考虑到理论研究的抽象性，本书关于我国能源税收入在补贴居民与节能减排活动之间的最优分配比例有待于进一步经验检验和研究。因此，对于这方面的实证研究也是未来值得深入研究的方向。

第四，我国现行燃油税政策优化的实证研究还不够深入，这需要进一步调研和了解其他可能的优化机制。例如，有关燃油税收入用途的情景设置上还需进一步拓展；有关燃油税税率适当上调的区间非常值得深入研究；有关燃油税收入在居民和节能减排活动之间的补贴比例仍需多样化，本书只研究了一种补贴比例的政策效果，不同补贴比例对能源环境与经济的影响差异也是未来有待开展的研究工作。

附　录　一

2010 年细化 SAM

単位：亿元

		商品								
		农业	石油天然气开发	石油炼制	煤炭	电力	服务	高耗能工业	其他工业	卫生
商品	农业	—	—	—	—	—	—	—	—	—
	石油天然气开发	—	—	—	—	—	—	—	—	—
	石油炼制	—	—	—	—	—	—	—	—	—
	煤炭	—	—	—	—	—	—	—	—	—
	电力	—	—	—	—	—	—	—	—	—
	服务	—	—	—	—	—	—	—	—	—
	高耗能工业	—	—	—	—	—	—	—	—	—
	其他工业	—	—	—	—	—	—	—	—	—
	卫生	—	—	—	—	—	—	—	—	—
	私人交通	—	—	—	—	—	—	—	—	—
	城市公共交通	—	—	—	—	—	—	—	—	—
	道路运输	—	—	—	—	—	—	—	—	—
	其他企业交通	—	—	—	—	—	—	—	—	—
活动	农业	69320	—	—	—	—	—	—	—	—
	石油天然气开发	—	11673	—	—	—	—	—	—	—
	石油炼制	—	—	25629	—	—	—	—	—	—
	煤炭	—	—	—	20166	—	—	—	—	—
	电力	—	—	—	—	43748	—	—	—	—
	服务	—	—	—	—	—	243699	—	—	—
	高耗能工业	—	—	—	—	—	—	215397	—	—

续表

		商品								
		农业	石油天然气开发	石油炼制	煤炭	电力	服务	高耗能工业	其他工业	卫生
活动	其他工业	—	—	—	—	—	—	—	560415	—
	卫生	—	—	—	—	—	—	—	—	16089
	私人交通	—	—	—	—	—	—	—	—	—
	城市公共交通	—	—	—	—	—	—	—	—	—
	道路运输	—	—	—	—	—	—	—	—	—
	其他企业交通	—	—	—	—	—	—	—	—	—
资本		—	—	—	—	—	—	—	—	—
劳动		—	—	—	—	—	—	—	—	—
居民		—	—	—	—	—	—	—	—	—
企业		—	—	—	—	—	—	—	—	—
政府		195	408	99	63	1	268	837	2879	1
国外		3990	8333	2020	1277	18	5482	17099	58834	27
资本账户		—	—	—	—	—	—	—	—	—
存货		—	—	—	—	—	—	—	—	—
汇总		73505	20414	27748	21506	43767	249449	233333	622128	16117

		商品				活动				
		私人交通	城市公共交通	道路运输	其他企业交通	农业	石油天然气开发	石油炼制	煤炭	电力
商品	农业	—	—	—	—	9514	0	1	154	1
	石油天然气开发	—	—	—	—	0	169	16608	0	250
	石油炼制	—	—	—	—	459	389	1652	214	1186
	煤炭	—	—	—	—	46	89	73	3407	7164
	电力	—	—	—	—	664	767	287	644	14658
	服务	—	—	—	—	3499	560	796	1436	3752
	高耗能工业	—	—	—	—	5422	1027	553	1465	261
	其他工业	—	—	—	—	8394	1503	744	2571	4775
	卫生	—	—	—	—	34	3	2	40	49
	私人交通	—	—	—	—	0	0	0	0	0
	城市公共交通	—	—	—	—	29	7	1	9	10
	道路运输	—	—	—	—	476	83	48	429	135
	其他企业交通	—	—	—	—	463	114	361	483	361

续表

| | | 商品 | | | | 活动 | | | | |
		私人交通	城市公共交通	道路运输	其他企业交通	农业	石油天然气开发	石油炼制	煤炭	电力
活动	农业	—	—	—	—	—	—	—	—	—
	石油天然气开发	—	—	—	—	—	—	—	—	—
	石油炼制	—	—	—	—	—	—	—	—	—
	煤炭	—	—	—	—	—	—	—	—	—
	电力	—	—	—	—	—	—	—	—	—
	服务	—	—	—	—	—	—	—	—	—
	高耗能工业	—	—	—	—	—	—	—	—	—
	其他工业	—	—	—	—	—	—	—	—	—
	卫生	—	—	—	—	—	—	—	—	—
	私人交通	8715	—	—	—	—	—	—	—	—
	城市公共交通	—	3314	—	—	—	—	—	—	—
	道路运输	—	—	15777	—	—	—	—	—	—
	其他企业交通	—	—	—	27417	—	—	—	—	—
资本		—	—	—	—	1878	3588	1309	3103	5694
劳动		—	—	—	—	38367	1612	814	4040	3438
居民		—	—	—	—	—	—	—	—	—
企业		—	—	—	—	—	—	—	—	—
政府		0	5	7	68	75	1762	2381	2170	2013
国外		0	103	136	1394	18	5482	17099	58834	27
资本账户		—	—	—	—	—	—	—	—	—
存货		—	—	—	—	—	—	—	—	—
汇总		8715	3422	15920	28879	69320	11673	25629	20166	43748

| | | 活动 | | | | | | | |
		服务	高耗能工业	其他工业	卫生	私人交通	城市公共交通	道路运输	其他企业交通
商品	农业	4283	3148	38603	0	—	0	0	9
	石油天然气开发	0	1922	1126	0	—	33	18	7
	石油炼制	2532	7024	3806	0	1279	535	2606	5505
	煤炭	246	6727	3076	0	—	8	62	88

续表

		活动							
		服务	高耗能工业	其他工业	卫生	私人交通	城市公共交通	道路运输	其他企业交通
商品	电力	2957	10108	10267	0	—	64	122	374
	服务	42302	14611	43230	0	3365	401	2702	3834
	高耗能工业	5248	77380	113515	0	—	62	415	485
	其他工业	34673	46784	206742	0	4071	517	2149	4020
	卫生	170	181	566	0	—	4	9	9
	私人交通	0	0	0	0	—	0	0	0
	城市公共交通	1143	70	317	0	—	1	11	13
	道路运输	3048	2285	6479	0	—	4	1111	297
	其他企业交通	3915	3599	12519	0	—	28	126	1947
活动	农业	—	—	—	—	—	—	—	—
	石油天然气开发	—	—	—	—	—	—	—	—
	石油炼制	—	—	—	—	—	—	—	—
	煤炭	—	—	—	—	—	—	—	—
	电力	—	—	—	—	—	—	—	—
	服务	—	—	—	—	—	—	—	—
	高耗能工业	—	—	—	—	—	—	—	—
	其他工业	—	—	—	—	—	—	—	—
	卫生	—	—	—	—	—	—	—	—
	私人交通	—	—	—	—	—	—	—	—
	城市公共交通	—	—	—	—	—	—	—	—
	道路运输	—	—	—	—	—	—	—	—
	其他企业交通	—	—	—	—	—	—	—	—
资本		61843	18989	45714	0	—	752	3207	5740
劳动		63446	14980	51984	0	—	769	2701	4257
居民		—	—	—	—	—	—	—	—
企业		—	—	—	—	—	—	—	—
政府		17894	7591	22473	0	—	135	537	832
国外		—	—	—	—	—	—	—	—
资本账户		—	—	—	—	—	—	—	—
存货		—	—	—	—	—	—	—	—
汇总		243699	215397	560415	—	8715	3314	15777	27417

续表

		资本	劳动	居民	企业	政府	国外	资本账户	存货	汇总
商品	农业	—	—	12442	—	507	866	3499	398	73505
	石油天然气开发	—	—	0	—	0	146	0	135	20414
	石油炼制	—	—	6	—	0	527	0	-27	27748
	煤炭	—	—	128	—	0	132	0	198	21506
	电力	—	—	2607	—	0	75	0	0	43767
	服务	—	—	54732	—	44342	13688	15042	0	249449
	高耗能工业	—	—	3534	—	0	14538	0	2547	233333
	其他工业	—	—	51183	—	0	78309	166935	6738	622128
	卫生	—	—	8846	—	6141	38	0	0	16117
	私人交通	—	—	8715	—	0	0	0	0	8715
	城市公共交通	—	—	1306	—	408	96	0	0	3422
	道路运输	—	—	550	—	554	307	93	0	15920
	其他企业交通	—	—	1295	—	209	3174	235	0	28879
活动	农业	—	—	—	—	—	—	—	—	69320
	石油天然气开发	—	—	—	—	—	—	—	—	11673
	石油炼制	—	—	—	—	—	—	—	—	25629
	煤炭	—	—	—	—	—	—	—	—	20166
	电力	—	—	—	—	—	—	—	—	43748
	服务	—	—	—	—	—	—	—	—	243699
	高耗能工业	—	—	—	—	—	—	—	—	215397
	其他工业	—	—	—	—	—	—	—	—	560415
	卫生	—	—	—	—	—	—	—	—	16089
	私人交通	—	—	—	—	—	—	—	—	8715
	城市公共交通	—	—	—	—	—	—	—	—	3314
	道路运输	—	—	—	—	—	—	—	—	15777
	其他企业交通	—	—	—	—	—	—	—	—	27417

续表

	资本	劳动	居民	企业	政府	国外	资本账户	存货	汇总
资本	—	—	—	—	—	—	—	—	152729
劳动	—	—	—	—	—	—	—	—	191009
居民	12914	191009	—	36072	9006	2914	—	—	251915
企业	139815	—	—	—	9039	—	—	—	148854
政府	—	—	4590	12287	—	−17	—	—	79601
国外	—	—	—	—	—	—	—	—	98714
资本账户	—	—	101980	100496	9395	−16078	—	—	195793
存货	—	—	—	—	—	—	9989	—	9989
汇总	152729	191009	251915	148854	79601	98714	195793	9989	—

附　录　二

1. 效用最大化下的消费决策

通过式（5-1）至式（5-3）的联立，构造居民效用函数 $U_t = \ln(w_t + I_t - s_t) + \rho\ln(1 + r_{t+1})s_t$，为实现效用最大化，令 $\dfrac{dU_t}{ds_t} = 0$，即：

$$\frac{-1}{w_t + I_t - s_t} + \frac{\rho}{s_t} = 0$$

从而，出生在第 t 期的居民最优消费决策为：$s_t = \dfrac{\rho}{1 + \rho}(w_t + I_t)$。

2. 利润最大化下的生产决策

已知利润函数 $\pi_t = (1 - \tau)Ak_t^\alpha (h_t^\varepsilon)^{1-\alpha} - (1 + r_t)k_t - w_t$，利润最大化要求厂商在边际生产力处支付生产要素，其一阶条件为：

$$1 + r_t = (1 - \tau)A\alpha k_t^{\alpha-1} (h_t^\varepsilon)^{1-\alpha}$$

产出剩余部分作为工资进行分配，则可得工资为：

$$w_t = (1 - \tau)(1 - \alpha)Ak_t^\alpha (h_t^\varepsilon)^{1-\alpha}$$

结合式（5-7）中人均产出定义 $y_t = Ak_t^\alpha (k_t^\varepsilon)^{1-\alpha}$，整理得出，最优资本收益率和单位有效劳动工资分别为：

$$1 + r_t = A(1 - \tau)\alpha k_t^{\alpha-1} (h_t^\varepsilon)^{1-\alpha} = (1 - \tau)\alpha y_t/k_t$$

$$w_t = A(1 - \tau)(1 - \alpha)k_t^\alpha (h_t^\varepsilon)^{1-\alpha} = (1 - \tau)(1 - \alpha)y_t$$

3. 稳态均衡时人均资本存量、人均产出、工资回报率与居民终身福利

（1）人均资本存量。

已知社会人均资本的动态过程，即式（5-17）：

$$k_{k+1} = s_t = \delta(w_t + \beta \tau y_t) = \delta[(1-\alpha)(1-\tau) + \beta\tau]y_t$$

稳态均衡时人均产出为:

$y^* = A(k^*)^{\alpha}(h^*)^{\varepsilon(1-\alpha)}$,令 $k_t = k_{t+1} = k^*$,可得出:

$$k^* = \delta[(1-\alpha)(1-\tau) + \beta\tau]A(k^*)^{\alpha}(h^*)^{\varepsilon(1-\alpha)}$$

公式两遍均乘以 $(k^*)^{-\alpha}$,可得 $(k^*)^{1-\alpha} = \delta[(1-\alpha)(1-\tau) + \beta\tau]A$ $(h^*)^{\varepsilon(1-\alpha)}$,进而,$k^* = \{A\delta[(1-\alpha)(1-\tau) + \beta\tau]\}^{\frac{1}{1-\alpha}}(h^*)^{\varepsilon}$。

（2）人均产出。

根据稳态均衡时的健康水平和人均资本存量:

$$h^* = H(\beta) \equiv \frac{\eta\theta\mu^{\varphi}}{\xi}\Big[\frac{(1-\beta)\tau}{z}\Big]^{\varphi\gamma}$$

$$k^* = \{A\delta[(1-\alpha)(1-\tau) + \beta\tau]\}^{\frac{1}{1-\alpha}}(h^*)^{\varepsilon}$$

此时,人均产出可推导为:

$$
\begin{aligned}
y^* &= A(k^*)^{\alpha}(h^*)^{\varepsilon(1-\alpha)} \\
&= A\{A\delta[(1-\alpha)(1-\tau) + \beta\tau]\}^{\frac{\alpha}{1-\alpha}}(h^*)^{\alpha\varepsilon}(h^*)^{\varepsilon(1-\alpha)} \\
&= A^{\frac{1}{1-\alpha}}\delta^{\frac{\alpha}{1-\alpha}}[(1-\alpha)(1-\tau) + \beta\tau]^{\frac{\alpha}{1-\alpha}}(h^*)^{\varepsilon} \\
&= A^{\frac{1}{1-\alpha}}\delta^{\frac{\alpha}{1-\alpha}}[(1-\alpha)(1-\tau) + \beta\tau]^{\frac{\alpha}{1-\alpha}}\Big(\frac{\eta\theta\mu^{\varphi}}{\xi}\Big)^{\varepsilon}\Big[\frac{(1-\beta)\tau}{z}\Big]^{\varphi\gamma\varepsilon} \\
&= A^{\frac{1}{1-\alpha}}\delta^{\frac{\alpha}{1-\alpha}}\Big(\frac{\eta\theta\mu^{\varphi}}{\xi}\Big)^{\varepsilon}\Big(\frac{\tau}{z}\Big)^{\varphi\gamma\varepsilon}[(1-\alpha)(1-\tau) + \beta\tau]^{\frac{\alpha}{1-\alpha}}(1-\beta)^{\varphi\gamma\varepsilon}
\end{aligned}
$$

也就是说,人均产出为:

$y^* = \Phi[(1-\alpha)(1-\tau) + \beta\tau]^{\frac{\alpha}{1-\alpha}}(1-\beta)^{\varphi\gamma\varepsilon}$,其中,$\Phi = A^{\frac{1}{1-\alpha}}\delta^{\frac{\alpha}{1-\alpha}}$ $\Big(\frac{\eta\theta\mu^{\varphi}}{\xi}\Big)^{\varepsilon}\Big(\frac{\tau}{z}\Big)^{\varphi\gamma\varepsilon}$。

（3）工资回报率。

根据式（5-8）$w_t = A(1-\tau)(1-\alpha)k_t^{\alpha}(h_t^{\varepsilon})^{1-\alpha} = (1-\tau)(1-\alpha)y_t$,那么稳态均衡条件下工资回报率为:

$$w^* = (1 - \tau)(1 - \alpha)y^*$$
$$= (1 - \tau)(1 - \alpha)\Phi[(1 - \alpha)$$
$$(1 - \tau) + \beta\tau]^{\frac{\alpha}{1-\alpha}}(1 - \beta)^{\varphi\gamma\varepsilon}$$

其中，$\Phi = A^{\frac{1}{1-\alpha}}\delta^{\frac{\alpha}{1-\alpha}}\left(\dfrac{\eta\theta\mu^\varphi}{\xi}\right)^\varepsilon\left(\dfrac{\tau}{z}\right)^{\varphi\gamma\varepsilon}$。

（4）居民终身福利。

根据本书中居民终身福利的定义 $U_t = \ln c_{1t} + \rho\ln c_{2t+1}$，其中，$c_{1t} + s_t = w_t + I_t$，$c_{2t+1} = (1 + r_{t+1})s_t$。由文中式（5-4）所求出的效用最大化消费决策为：$s_t = \delta(w_t + I_t)$，其中，$\delta = \rho/(\rho + 1)$。那么，第 t 期出生的居民终身福利为：$U_t = \ln(1 - \delta)(w_t + I_t) + \rho\ln\delta(1 + r_{t+1})(w_t + I_t) = \ln(1 - \delta) + \dfrac{1}{1-\delta}\ln(w_t + I_t) + \dfrac{\delta}{1-\delta}\ln\delta(1 + r_{t+1})$，也就是说，稳态均衡条件下的居民终身福利为：

$$U^* = \ln(1 - \delta) + \frac{1}{1-\delta}\ln(w^* + I^*) + \frac{\delta}{1-\delta}\ln\delta(1 + r^*)$$

根据式（5-8）、式（5-9）和式（5-11），可以求得：

$$w^* + I^* = (1 - \tau)(1 - \alpha)y^* + \beta\tau y^* = [(1 - \tau)(1 - \alpha) + \beta\tau]y^*$$
$$1 + r^* = \alpha(1 - \tau)y^*/k^*$$

那么，稳态均衡条件下的居民终身福利可推导为：

$$U^* = \ln(1 - \delta) + \frac{1}{1-\delta}\ln[(1 - \tau)(1 - \alpha) + \beta\tau]$$
$$+ \frac{1}{1-\delta}\ln y^* + \frac{\delta}{1-\delta}\ln\delta\alpha(1 - \tau) + \frac{\delta}{1-\delta}\ln(y^*/k^*)$$
$$= \ln(1 - \delta) + \frac{1}{1-\delta}\ln[(1 - \tau)(1 - \alpha) + \beta\tau]$$
$$+ \frac{\delta}{1-\delta}\ln\delta\alpha(1 - \tau) + \frac{1}{1-\delta}[\ln y^* + \delta\ln(y^*/k^*)]$$
$$= \ln(1 - \delta) + \frac{1}{1-\delta}\ln[(1 - \tau)(1 - \alpha) + \beta\tau]$$

$$+ \frac{\delta}{1-\delta}\ln\delta\alpha(1-\tau) + \frac{1}{1-\delta}\Big[\ln\frac{(y^*)^{1+\delta}}{(k^*)^{\delta}}\Big]$$

其中，由式（5-20）、式（5-22）可求得：

$$\frac{(y^*)^{1+\delta}}{(k^*)^{\delta}} = \frac{\Phi^{1+\delta}\big[(1-\alpha)(1-\tau)+\beta\tau\big]^{\frac{\alpha(1+\delta)}{1-\alpha}}(1-\beta)^{\varphi\gamma\varepsilon(1+\delta)}}{\{A\delta[(1-\alpha)(1-\tau)+\beta\tau]\}^{\frac{\delta}{1-\alpha}}(h^*)^{\varepsilon\delta}}$$

$$= \Phi^{1+\delta}\big[(1-\alpha)(1-\tau)+\beta\tau\big]^{\frac{\alpha(1+\delta)-\delta}{1-\alpha}}(A\delta)^{\frac{\delta}{\alpha-1}}$$

$$(1-\beta)^{\varphi\gamma\varepsilon(1+\delta)}(h^*)^{-\varepsilon\delta}$$

将 $\Phi^{\delta} = A^{\frac{\delta}{1-\alpha}}\delta^{\frac{\alpha\delta}{1-\alpha}}\Big(\frac{\eta\theta\mu^{\varphi}}{\xi}\Big)^{\varepsilon\delta}\Big(\frac{\tau}{z}\Big)^{\delta\varphi\gamma\varepsilon}$，$(h^*)^{-\varepsilon\delta} = \Big(\frac{\eta\theta\mu^{\varphi}}{\xi}\Big)^{-\varepsilon\delta}$

$\Big[\frac{(1-\beta)\tau}{z}\Big]^{-\delta\varphi\gamma\varepsilon}$ 代入到上式中，可得 $\frac{(y^*)^{1+\delta}}{(k^*)^{\delta}} = \Phi\delta^{-\delta}$

$\big[(1-\alpha)(1-\tau)+\beta\tau\big]^{\frac{\alpha(1+\delta)-\delta}{1-\alpha}}(1-\beta)^{\varphi\gamma\varepsilon}$。因此，稳态均衡条件下的居民
终身福利可推导为：

$$U^* = \ln(1-\delta)\big[\delta\alpha(1-\tau)\big]^{\frac{\delta}{1-\delta}} + \frac{1}{1-\delta}\ln\big[(1-\tau)(1-\alpha)+\beta\tau\big]$$

$$+ \frac{1}{1-\delta}\ln\Phi\delta^{-\delta}\big[(1-\alpha)(1-\tau)+\beta\tau\big]^{\frac{\alpha(1+\delta)-\delta}{1-\alpha}}(1-\beta)^{\varphi\gamma\varepsilon}$$

$$= \ln(1-\delta)\Phi^{\frac{1}{1-\delta}}\big[\alpha(1-\tau)\big]^{\frac{\delta}{1-\delta}} + \ln\big[(1-\tau)(1-\alpha)$$

$$+ \beta\tau\big]^{\frac{\alpha}{(1-\alpha)(1-\delta)}+1}(1-\beta)^{\frac{\varphi\gamma\varepsilon}{1-\delta}}$$

$$= \ln(1-\delta)\Phi^{\frac{1}{1-\delta}}\big[\alpha(1-\tau)\big]^{\frac{\delta}{1-\delta}} + \ln Z(\beta)$$

其中，$Z(\beta) = \big[(1-\tau)(1-\alpha)+\beta\tau\big]^{\frac{\alpha}{(1-\alpha)(1-\delta)}+1}(1-\beta)^{\frac{\varphi\gamma\varepsilon}{1-\delta}}$。

参考文献

[1] 白重恩, 张琼. 中国的资本回报率及其影响因素分析 [J]. 世界经济, 2014 (10): 3 – 30.

[2] 陈素梅, 何凌云. 政府与市场的合理边界——从中国电力市场化改革的视角 [J]. 世界经济文汇, 2012 (5): 1 – 15.

[3] 范庆泉, 周县华, 刘净然. 碳强度的双重红利: 环境质量改善与经济持续增长 [J]. 中国人口·资源与环境, 2015, (6): 62 – 71.

[4] 高颖, 李善同. 征收能源消费税对社会经济与能源环境的影响分析 [J]. 中国人口·资源与环境, 2009, 19 (2): 30 – 35.

[5] 韩凤芹, 苏明, 傅志华, 等. 中国能源税问题的初步研究 [J]. 经济研究参考, 2008 (55): 2 – 12.

[6] 何凌云, 薛永刚. 产业共生视角下的能源金融内涵及架构 [J]. 生产力研究, 2010 (12): 224 – 225, 272.

[7] 贺菊煌, 沈可挺, 徐嵩龄. 碳税与二氧化碳减排的 CGE 模型 [J]. 数量经济技术经济研究, 2002 (10): 39 – 47.

[8] 黄炯奇, 孟海峰. 我国燃油税改革中的利益博弈 [J]. 时代经贸, 2008, 6 (1): 57 – 61.

[9] 加里·S. 贝克尔. 家庭经济分析 [M]. 北京: 华夏出版社, 1987.

[10] 姜林. 环境政策的综合影响评价模型系统及应用 [J]. 环境科学, 2006, 27 (5): 1035 – 1040.

[11] 焦磊, 朱选功. 对我国开征燃油税的探讨 [J]. 当代经济,

2008 (4): 140 - 141.

[12] 赖明勇, 肖皓, 陈雯, 等. 不同环节燃油税征收的动态一般均衡分析与政策选择 [J]. 世界经济, 2008 (11): 65 - 76.

[13] 李程, 陈少英. 我国燃油税的节能减排功能探析 [J]. 改革与战略, 2010, 26 (206): 74 - 77.

[14] 李道强, 韩放. 美国电力市场中的金融交易模式 [J]. 电网技术, 2008, 32 (10): 16 - 21.

[15] 李钢, 董敏杰, 沈可挺. 强化环境管制政策对中国经济的影响——基于 CGE 模型的评估 [J]. 中国工业经济, 2012 (11): 5 - 17.

[16] 李金华. 试论我国燃油税改革 [J]. 湖南科技学院学报, 2008 (7): 153 - 156.

[17] 李凯杰. 环境支出促进了经济增长吗? ——基于省级面板数据的研究 [J]. 世界经济研究, 2014 (12): 77 - 83.

[18] 李品芳, 骆颖. 燃油税的国际比较及对我国的启示 [J]. 同济大学学报, 2007, 18 (5): 118 - 124.

[19] 李善同, 侯永志, 刘云中, 等. 中国经济增长潜力与经济增长前景分析 [J]. 管理世界, 2005 (9): 7 - 19.

[20] 厉以宁, 吴易风, 等. 西方福利经济学评述 [M]. 北京: 商务印书馆, 1984.

[21] 林伯强, 黄光晓. 能源金融 [M]. 北京: 清华大学出版社, 2011.

[22] 刘巧兰. 燃油税改革对我国汽车业的影响 [J]. 中国能源, 2009, 31 (3): 32 - 35.

[23] 陆旸. 中国的绿色政策与就业: 存在双重红利吗? [J]. 经济研究, 2011 (7): 42 - 54.

[24] 马登科. 国际石油价格动荡: 原因、影响及中国策略 [D]. 长春: 吉林大学, 2010.

[25] 孟伟, 罗宏, 吕连宏. 我国开征燃油税的可行性探讨 [J]. 中

国能源，2006，28（3）：8-12+37.

[26] 苗艳青. 生态·健康·经济协调发展论 [M]. 北京：中国环境科学出版社，2012.

[27] 欧洲环境局. 环境税的实施与效果 [M]. 刘亚明，译. 北京：中国环境科学出版社，2000.

[28] 潘家华. 持续发展途径的经济学分析 [M]. 北京：中国人民大学出版社，1997.

[29] 庞军，邹骥，傅莎. 应用 CGE 模型分析中国征收燃油税的经济影响 [J]. 经济问题探索，2008，（11）：69-73.

[30] 彭向，周星慧，张勇，等. 多模式交通网络税费政策评价模型 [J]. 系统工程理论与实践，2014，34（2）：494-501.

[31] 祁毓，卢洪友. 污染、健康与不平等——跨越"环境健康贫困"陷阱 [J]. 管理世界，2015，9：32-51.

[32] 曲顺兰，路春城. 中国能源税制的改革与完善——兼论燃油税的开征 [J]. 中国人口·资源与环境，2008（3）：163-168.

[33] 饶呈祥. 开征燃油税对中国经济的影响：基于 CGE 观点 [J]. 涉外税务，2008（5）：18-21.

[34] [美] Roland-Holst D，段志刚. 政策建模技术：CGE 模型的理论与实现 [M]. 胡枫，主译校. 北京：清华大学出版社，2009.

[35] 宋怡欣. 我国雾霾治理的市场化发展研究——基于碳金融制度的国际法考量 [J]. 价格理论与实践，2014（5）：35-37.

[36] 唐葆君，陶权. 纽约商业交易所天然气期货市场价格发现功能研究——基于 G-S 模型的实证分析 [J]. 中国能源，2013，35（3）：30-34+42.

[37] 王灿. 基于动态 CGE 模型的中国气候政策模拟与分析 [D]. 北京：清华大学，2003.

[38] 王军. 石油金融化与我国石油金融战略体系的构建 [J]. 宏观经济研究，2009（10）：35-39.

[39] 王亚辉. 国外燃油税怎么征 [J]. 交通建设与管理, 2009 (1): 1-12.

[40] 韦坚. 燃油税改革面临的难题及对策 [J]. 经济与社会发展, 2007 (4): 90-93.

[41] 魏一鸣, 吴刚, 梁巧梅, 等. 中国能源报告2012 [M]. 北京: 科学出版社, 2012.

[42] 武亚军, 宣晓伟. 环境税经济理论及对中国的应用分析 [M]. 北京: 经济科学出版社, 2002.

[43] 肖皓, 赖明勇. 燃油税改革的动态一般均衡分析 [J]. 经济数学, 2009, 26 (3): 53-59.

[44] 肖皓. 金融危机时期中国燃油税征收动态一般均衡分析与政策优化 [D]. 长沙: 湖南大学, 2009.

[45] 肖欣荣, 廖朴. 政府最优污染治理投入研究 [J]. 世界经济, 2014 (1): 106-119.

[46] 杨岚, 毛显强, 刘琴, 等. 基于CGE模型的能源税政策影响分析 [J]. 中国人口·资源与环境, 2009, 19 (2): 24-29.

[47] 叶志辉. 燃油税税率的确定——基于CGE的分析 [J]. 统计研究, 2009 (5): 86-93.

[48] 於方, 过孝民, 张衍燊, 等. 2004年中国大气污染造成的健康经济损失评估 [J]. 环境与健康杂志, 2007, 24 (12): 999-1003+1033.

[49] 于汐, 唐彦东, 刘春平, 等. 灾害生命价值评估理论研究 [J]. 中国安全科学学报, 2009, 19 (12): 17-22+201+204.

[50] 张芬, 周浩, 邹薇. 公共健康支出、私人健康投资与经济增长: 一个完全预见情况下的OLG模型 [J]. 经济评论, 2012 (6): 5-14.

[51] 张可云, 张理芃. 燃油税作为控制碳排放政策工具的争议与思考 [J]. 江淮论坛, 2011 (2): 13-20+38.

［52］张礼俊. 基于 Model – 3/CMAQ 的珠江三角洲区域空气质量模拟与校验研究［D］. 广州：华南理工大学, 2010.

［53］张强, 霍红, 贺克斌, 等. 中国人为源颗粒物排放模型及 2001 年排放清单估算［J］. 自然科学进展, 2006, 16 (2)：223 – 231.

［54］张树伟. 基于一般均衡（CGE）框架的交通能源模拟与政策评价［D］. 北京：清华大学, 2007.

［55］张思路. 国家燃油税改革对汽车租赁市场的影响［J］. 山东大学学报, 2009：89 – 91.

［56］赵永, 王劲峰. 经济分析 CGE 模型与应用［M］. 北京：中国经济出版社, 2008.

［57］郑玉歆, 樊明太. 中国 CGE 模型及政策分析［M］. 北京：社会科学文献出版社, 1999.

［58］中华人民共和国国家统计局. 中国统计年鉴 2011［M］. 北京：中国统计出版社, 2011.

［59］中华人民共和国国家统计局. 中国统计年鉴 2014［M］. 北京：中国统计出版社, 2014.

［60］中华人民共和国国家统计局. 中国统计年鉴 2015［M］. 北京：中国统计出版社, 2015.

［61］中华人民共和国环境保护部. 2015 年中国机动车污染防治年报［EB/OL］. http：//www. zhb. gov. cn/gkml/hbb/qt/201601/t20160119326622. htm.

［62］中华人民共和国卫生部. 中国卫生服务调查报告 2008［M］. 北京：中国协和医科大学出版社, 2009.

［63］中华人民共和国卫生部. 中国卫生统计年鉴 2011［M］. 北京：中国协和医科大学出版社, 2011.

［64］ALLAN G, LECCA P, MCGREGOR P, et al. The Economic and Environmental Impact of a Carbon Tax for Scotland：A Computable General Equilibrium Analysis［J］. Ecological Economics, 2014, 100：40 – 50.

［65］ARROW K J, et al. An Extension of the Basic Theorems of Classical Welfare Economics ［M］. Chicago: Cowles Commission for Research in Economics, The University of Chicago, 1952.

［66］BALLARD C L, FULLERTON D, SHOVEN J B, et al. General Equilibrium Analysis of Tax Policies ［M］. Proceedings of A General Equilibrium Model for Tax Policy Evaluation. Chicago: University of Chicago Press, 1985.

［67］BELL M L, EBISU K, PENG R D, et al. Seasonal and Regional Short-term Effects of Fine Particles on Hospital Admissions in 202 US Counties, 1999 - 2005 ［J］. American Journal of Epidemiology, 2008, 168 (11): 1301 - 1310.

［68］BELL M, ELLIS H. Sensitivity Analysis of Tropospheric Ozone to Modified Biogenic Emissions for the Mid-atlantic Region ［J］. Atmospheric Environment, 2004, 38 (13): 1879 - 1889.

［69］BERKHOUT P H, CARBONELL A, MUSKENS J C. The Ex-post Impact of an Energy Tax on Household Energy Demand ［J］. Energy Economics, 2004, 26 (3): 297 - 317.

［70］BICKEL P, FRIEDRICH R. ExternE: Externalities of Energy. Methodology 2005 Update ［M］. Germany: European Commission, Luxembourg, 2005.

［71］BOSELLO F, CARRARO C. Recycling Energy Taxes: Impacts on a Disaggregated Labour Market. Energy economics, 2001, 23 (5): 569 - 594.

［72］BOVENBERG A L, DE M R A. Environmental Levies and Distortionary Taxation ［J］. The American Economic Review, 1994, 84 (4): 1085 - 1089.

［73］BOVENBERG A L. Green Tax Reforms and the Double Dividend: An Updated Reader's Guide ［J］. International Tax and Public Finance, 1999, 6 (3): 421 - 443.

［74］BRAJER V, MEAD R W, XIAO F. Valuing the Health Impacts of Air Pollution in Hong Kong ［J］. Journal of Asian Economics, 2006, 17 (1): 85 – 102.

［75］BRUBOLL A, BYE T. Methane Emissions and Permit Prices for Greenhouse Gases ［J］. Economic Survey, 1998, 98 (4): 31 – 40.

［76］CAO J. Essays on Environmental Tax Policy Analysis: Dynamic Computable General Equilibrium Approaches Applied to China ［D］. Cambridge: Harvard University, 2007.

［77］CARRARO C, GALEOTTI M, GALLO M. Environmental Taxation and Unemployment: Some Evidence on the 'Double Dividend Hypothesis' in Europe ［J］. Journal of Public Economics, 1996, 62 (1): 141 – 181.

［78］CHEN S M, HE L Y. Deregulation or Governmental Intervention? A Counterfactual Perspective on China's Electricity Market Reform ［J］. China & World Economy, 2013, 21 (4): 101 – 120.

［79］CHEN S M, HE L Y. Welfare Loss of China's Air Pollution: How to Make Personal Vehicle Transportation Policy ［J］. China Economic Review, 2014, 31: 106 – 118.

［80］CIFUENTES L A, VEGA J, KOPFER K, et al. Effect of the Fine Fraction of Particulate Matter Versus the Coarse Mass and Other Pollutants on Daily Mortality in Santiago, Chile ［J］. Journal of the Air & Waste Management Association, 2000, 50 (8): 1287 – 1298.

［81］DAVIS K, COLLINS S R, DOTY M M, et al. Health and Productivity among U. S. Workers ［M］. Issue Brief, The Common Wealth Fund, 2005.

［82］DE N N. Air Pollution Control Engineering ［M］. US: Waveland Press, 2010.

［83］DERVIS K, ROBINSON S, et al. General Equilibrium Models for Development Policy ［M］. New York: Cambridge University Press, 1982.

［84］ DEVOL R, BEDROUSSIAN A, CHARUWORN A, et al. An Unhealthy America: The Economic Burden of Chronic Disease ［M］. Milken Institute, 2007.

［85］ DIAMOND P A. National Debt in a Neoclassical Growth Model ［J］. American Economic Review, 1965, 55 (5): 1126 - 1150.

［86］ GARBACCIO R F. Price Reform and Structural Change in the Chinese Economy: Policy Simulations Using a CGE Model ［J］. China Economic Review, 1995, 6 (1): 1 - 34.

［87］ GOODSTEIN E. Jobs and the Environment: An Overview ［J］. Environmental Management, 1996, 20 (3): 313 - 321.

［88］ GOULDER L H. Environmental Taxation and the Double Dividend: A Reader's Guide ［J］. International tax and Public Finance, 1995, 2 (2): 157 - 183.

［89］ GROSSMAN G M, KRUEGER A B. Economic Growth and the Environment ［J］. The Quarterly Journal of Economics, 1995, 110 (2): 353 - 377.

［90］ GUO X, CHENG S, CHEN D, et al. Estimation of Economic Costs of Particulate Air Pollution from Road Transport in China ［J］. Atmospheric Environment, 2010, 44 (28): 3369 - 3377.

［91］ GUO Y, TENG S. Study on 'Total Amount Control of Air Pollution Dischage' and Reduction Me – chinism of Beijing: Air Quality for 'Green Olympics' ［J］. Energy Policy Research, 2004 (4): 18 - 24.

［92］ HAMMITT J K, ZHOU Y. The Economic Value of Air-pollution-related Health Risks in China: A Contingent Valuation Study ［J］. Environmental and Resource Economics, 2006, 33 (3): 399 - 423.

［93］ HE K, YANG F, MA Y, et al. The Characteristics of $PM_{2.5}$ in Beijing, China ［J］. Atmospheric Environment, 2001, 35 (29): 4959 - 4970.

[94] HIBIKI A, ARIMURA T. An Empirical Study of the Effect of the Fuel Tax in Japan on Vehicle Selection and NOx Emission [R]. Department of Social Engineering Discussion Paper, Tokyo Institute of Technology, http: // www. soc. titech. ac. jp/? library/discuss/index e. html, 2005.

[95] HOERNER J A, BOSQUST B. Environmental Tax Reform: the European Experience [M]. Washington, D C: Center for a Sustainable Economy, 2001.

[96] HORSNELL P, BRINDLE A, GREAVES W. The Hedging Efficiency of Crude Oil Markets [M]. England: Oxford Institute for Energy Studies, 1995.

[97] JOHANSEN L. A Multi-sectoral Study of Economic Growth [M]. Amsterdam: North-holland Pub. Co. , 1960.

[98] JOHN A, PECCHENINO R. An Overlapping Generations Model of Growth and the Environment [J]. The Economic Journal, 1994, 104 (427): 1393 - 1410.

[99] KAN H, CHEN B. Particulate Air Pollution in Urban Areas of Shanghai, China: Health-based Economic Assessment [J]. Science of the Total Environment, 2004, 322 (1): 71 - 79.

[100] KARPLUS V J, PALTSEV S, REILLY J M. Prospects for Plug-in Hybrid Electric Vehicles in the United States and Japan: A General Equilibrium Analysis [J]. Transportation Research Part A: Policy and Practice, 2010, 44 (8): 620 - 641.

[101] KLIMONT Z, COFALA J, BERTOK I, et al. Modelling Particulate Emissions in Europe [R]. International Institute for Applied Systems Analysis, Laxenburg, Austria, 2002.

[102] LEE H, OLIVEIRA M J, MENSBRUGGHE D. The OECD Green Model: An Updated Overview [M]. OECD Publishing, 1994.

[103] LIANG Q M, FAN Y, WEI Y M. Carbon Taxation Policy in Chi-

na: How to Protect Energy-and Trade-intensive Sectors? [J] Journal of Policy Modeling, 2007, 29 (2): 311 –333.

[104] LIU G G, DOW W H, FU A Z, et al. Income Productivity in China: On the Role of Health [J]. Journal of Health Economics, 2008 (27): 27 –44.

[105] LVOVSKY K. Environmental Costs of Fossil Fuels: A Rapid Assessment Method with Application to Six Cities [M]. Washington: World Bank, Environment Department, 2000.

[106] OLIVIER J, JANSSENS M G. CO_2 Emissions from Fuel Combustion [J]. Paris: International Energy Agency, 2012.

[107] PALTSEY S, JACOBY H D, REILLY J M, et al. Transport and Climate Policy Modeling the Transport Sector: The Role of Existing Fuel Taxes in Climate Policy [M]. US: Springer, 2005.

[108] PALTSEY S, VIGUIER L, BABIKER M, et al. Disaggregating Household Transport in the MIT-EPPA Model [R]. MIT Joint Program on the Science and Policy of Global Change, 2004.

[109] PARRY I W, BENTO A M. Tax Deductions, Environmental Policy, and the Double Dividend Hypothesis [J]. Journal of Environmental Economics and Management, 2000, 39 (1): 67 –96.

[110] PARRY I W. Pollution Taxes and Revenue Recycling [J]. Journal of Environmental Economics and Management, 1995, 29 (3): S64 – S77.

[111] PAUTREL X. Pollution and Life Expectancy: How Environmental Policy can Promote Growth [J]. Ecological Economics, 2009, 68 (4): 1040 –1051.

[112] PAUTREL X. Pollution, Private Investment in Healthcare, and Environmental Policy [J]. The Scandinavian Journal of Economics, 2012, 114 (2): 334 –357.

［113］PEARCE D. The Role of Carbon Taxes in Adjusting to Global Warming ［J］. The Economic Journal, 1991, 101 (407): 938 - 948.

［114］QIN P, ZHENG X, WANG L. Travel Mode Choice and Impact of Fuel Tax in Beijing ［J］. Environment and Development Economics, 2014, 19 (1): 92 - 110.

［115］QUAH E, BOON T L. The Economic Cost of Particulate Air Pollution on Health in Singapore ［J］. Journal of Asian Economics, 2003, 14 (1): 73 - 90.

［116］SCARF H. The Approximation of Fixed Points of a Continuous Mapping ［J］. SIAM Journal on Applied Mathematics, 1967, 15 (5): 1328 - 1343.

［117］SCHWARTZ J, REPETTO R. Nonseparable Utility and the Double Dividend Debate: Reconsidering the Tax-interaction Effect ［J］. Environmental and Resource Economics, 2000, 15 (2): 149 - 157.

［118］SHIRO T. The Double Dividend from Carbon Regulations in Japan ［J］. Journal of the Japanese and International Economies, 2006, 3: 1 - 32.

［119］SONG T, ZHENG T, Tong L. An Empirical Test of the Environmental Kuznets Curve in China: A Panel Cointegration Approach ［J］. China Economic Review, 2008, 19 (3): 381 - 392.

［120］STERN D I, COMMON M S, Barbier E B. Economic Growth and Environmental Degradation: The Environmental Kuznets Curve and Sustainable Development ［J］. World Development, 1996, 24 (7): 1151 - 1160.

［121］STERNER T. Fuel Taxes: An Important Instrument for Climate Policy ［J］. Energy Policy, 2007, 35 (6): 3194 - 3202.

［122］TORRES R. World of Work Report 2009: The Global Jobs Crisis and Beyond ［M］. Switzerland: International Institute for Labour Studies, 2009.

［123］WALD A. On Some Systems of Equations of Mathematical Economics ［J］. Econometrica: Journal of the Econometric Society, 1951, 19 (4):

368 – 403.

[124] WALRAS L. Elements of Pure Economics [M]. Lausanne, Paris, 1899.

[125] WAN Y. Integrated Assessment of China's Air Pollution-induced Health Effects and Their Impacts on National Economy [D]. Tokyo: Department of SocialEngineering, Tokyo Institute of Technology, 2005.

[126] WANG X, MAUZERALL D L, HU Y, et al. A High-resolution Emission Inventory for Eastern China in 2000 and Three Scenarios for 2020 [J]. Atmospheric Environment, 2005, 39 (32): 5917 – 5933.

[127] WANG X, MAUZERALL D L. Evaluating Impacts of Air Pollution in China on Public Health: Implications for Future Air Pollution and Energy Policies [J]. Atmospheric Environment, 2006, 40 (9): 1706 – 1721.

[128] World Health Organization. The Global Burden of Disease: 2004 Update [M]. Geneva: World Health Organization, 2008.

[129] World Health Organization. WHO Air Quality Guidelines for Particulate Matter, Ozone, Nitrogen Dioxide and Sulfur Dioxide: Global Update 2005 [M]. Geneva: World Health Organization, 2006.

[130] ZIVIN J G, NEIDELL M. The Impact of Pullution on Worker Productivity [J]. The American Economic Review, 2012 (7): 3652 – 3673.